Paul & Michelle van Sittert

CW01333091

STRUIK PUBLISHERS
(eine Unternehmung von The Struik Group (Pty) Ltd)
80 McKenzie Street
Kapstadt 8001

Register Nr.: 63/00203/07
Erstausgabe 1991

Text © Brian Johnson Barker
Photographie © beteiligte Photographen unten aufgeführt

Redakteur: Peter Borchert
Übersetzung ins Deutsche: Gudrun Grapow
Kartograph: Angus Carr
Entwurf: Odette Marais
Photosatz: Theiner Typesetting (Pty) Ltd, Kapstadt
Litographische Reproduktion: Unifoto (Pty) Ltd, Kapstadt
Druck und Einband: Kyodo Printing Co (Singapur) Pte Ltd

Alle Rechte vorbehalten. Nachdruck, Vervielfältigung, Speicherung in Datenverarbeitungsanlagen, Übertragung durch Rundfunk und Fernsehen in jeglicher Form nur mit vorheriger, schriftlicher Genehmigung der Besitzer des Urheberrechts.

ISBN 1 86825 207 8

LISTE DER BETEILIGTEN PHOTOGRAPHEN

Shaen Adey: Seiten 16, 24, 103 right, 104, 130/131, 150/151 · **Daryl Balfour:** Seiten 88, 90, 93 · **Anthony Bannister:** Seiten 25, 50 [ABPL], 64 unten [ABPL], 95 unten [ABPL], 96 oben [ABPL], 112 [ABPL], 115 unten [ABPL] · **Rey Bresler:** Seite 18 oben · **Gerald Cubitt:** Seiten 13, 28, 33, 35, 38 oben, 41, 107, 110, 114, 117, 121, 122, 124, 125, 128, 129 unten, 142, 148, 167, 168 · **Roger de la Harpe:** Seiten 2, 17 [ABPL], 56, 75, 77 [ABPL], 87 [ABPL], 91 oben [Natal Parks Board], 91 unten, 94, 95 oben und Mitte, 96 unten, 99 [ABPL], 100, 105 unten · **Nigel Dennis:** Seite 76 unten [ABPL] · **1820 Foundation:** Seite 22 oben · **John Haigh:** Seiten 19, 20 oben, 153 unten · **Lesley Hay:** Seite 42 [APBL] · **Steve Hilton-Barber:** Seite 23 [Southlight] · **Johan Hoekstra:** Seite 51 · **Walter Knirr:** Seiten 4, 6/7, 12, 26, 30/31, 39, 40, 44, 45, 47, 48, 49, 78/79, 80, 81, 84/85, 108 oben, 113, 116, 126/127, 129 oben, 140/141, 144, 146, 149, 152, 154, 155 · **Anne Laing:** Seite 32 · **Rashid Lombard:** Seiten 11, 18 unten, 147 left · **Eric Miller:** Seite 37 [Southlight] · **Jean Morris:** Seite 109 · **Colin Paterson-Jones:** Seiten 20 (unten), 120, 158, 159 · **Marek Patzer:** Seiten 82 [Southlight], 83 [Southlight], 97 [Southlight], 98 · **Peter Pickford:** Umschlag [APBL], Seiten 1, 52, 54/55, 57, 58 unten, 61, 62, 64 oben, 65, 66/67, 68, 70 [ABPL], 71, 76 unten, 134, 135 unten, 136/137, 138, 139, 143, 156, 157, 160, 161, 166 · **Rob Ponte:** Seite 58 oben [ABPL] · **Herman Potgieter:** Seiten 46 [ABPL], 86 [ABPL], 115 oben [ABPL], 118, 132, 162/163 [ABPL] · **Alain Proust:** Seiten 22 unten, 34, 147 rechts, 164, 165 · **Eric Reisinger:** Seiten 60 [ABPL], 69 [ABPL] · **Joan Ryder:** Seiten 72 [ABPL], 103 links [ABPL], 135 oben [ABPL] · **Wayne Saunders:** Seiten 59 [ABPL], 63 [ABPL] · **Leonard Smuts:** Seite 14 · **Lorna Stanton:** Seite 10 [ABPL] · **Sun International:** Seite 38 unten · **August Sycholt:** Seiten 29, 36, 74, 92, 102, 106, 108 unten · **Lisa Trocchi:** Seite 105 oben [ABPL] · **Mark Van Aardt:** Seite 153 oben

Urheberrecht für die obigen Photographien bei den Photographen oder deren Agenten. [ABPL: Anthony Bannister Photo Library]

SÜDAFRIKA
DU SCHÖNES

SÜDAFRIKA
DU SCHÖNES

STRUIK

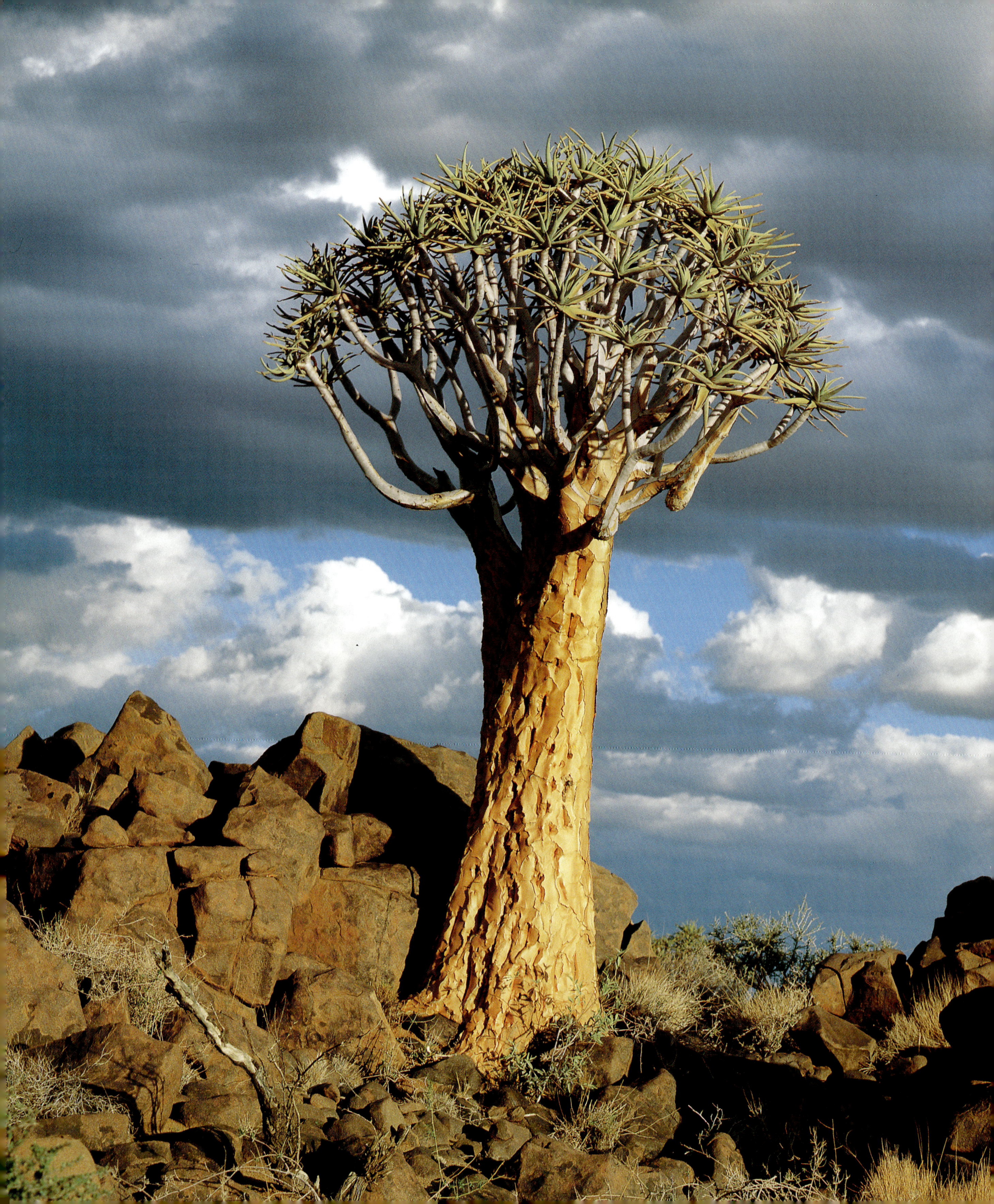

INHALT

8
DIE NATÜRLICHEN VERHÄLTNISSE

11
EINLEITUNG

27
GOLDRAUSCH
Im Highveld Transvaals

43
FORELLENBÄCHE UND WASSERFÄLLE
Die Randstufe Osttransvaals

53
IM REICHE DES GROSSWILDS
Das Lowveld Transvaals

73
DAS HERRLICHE HOCHLAND
Der östliche Oranjefreistaat und die Drakensberge Natals

89
ZULULAND
Die Fauna und Flora Natals

101
SCHMELZTIEGEL DER VÖLKER
Durban, Pietermaritzburg und die Erholungsgebiete an der Küste

111
AUF ZUM PARADIES DES SÜDENS
Wilde Küste, Ostkapland und Gartenstraße

123
JENSEITS DER EBENEN VON KAMDEBU
Die einsamen Hügel und Flächen der Karru

133
DIE WÜSTE BLÜHT
Durststrecke des öden Nordens und Westens

145
DAS LIEBLICHSTE KAP
Die Kaphalbinsel und die Weinbaugebiete

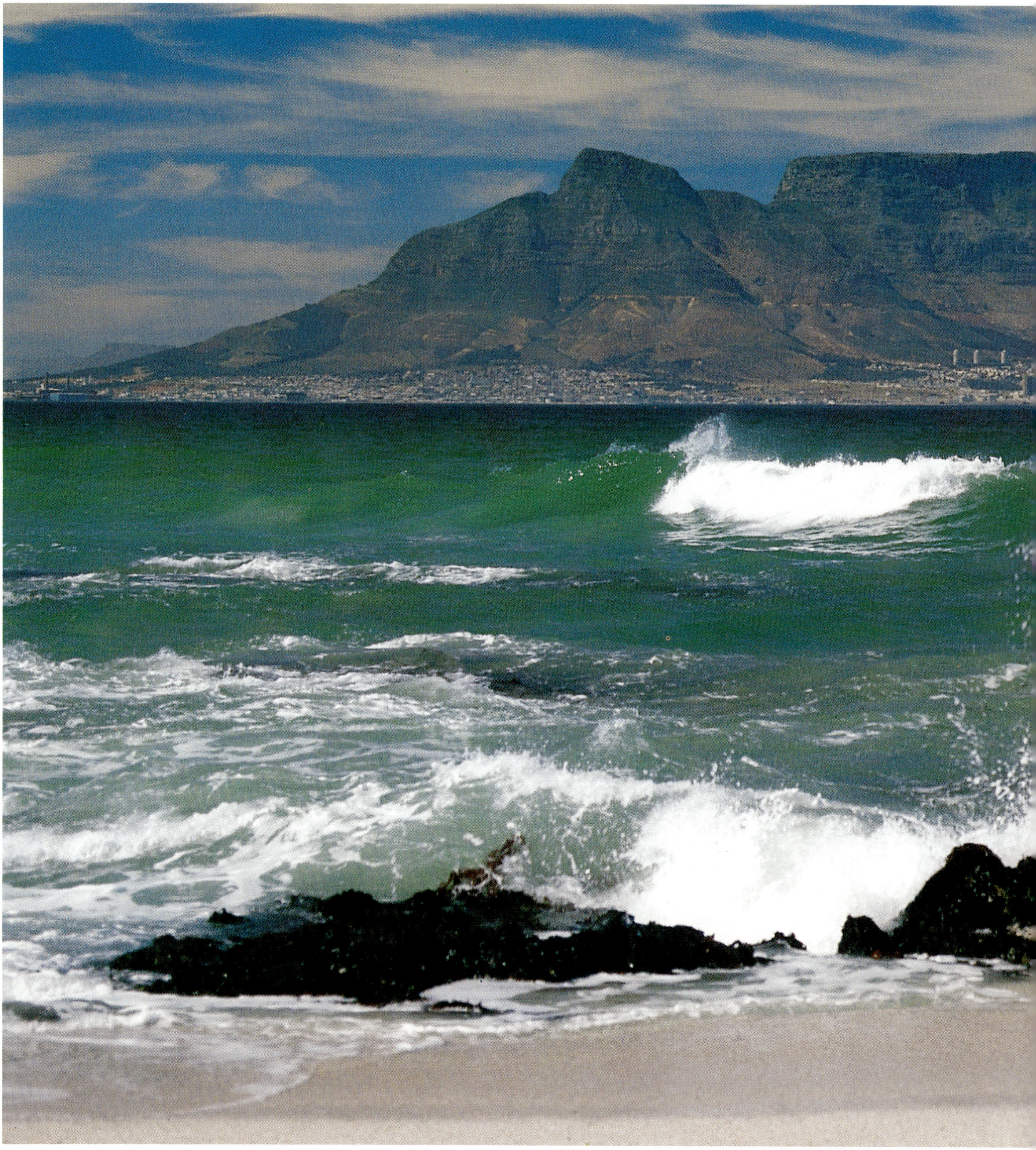

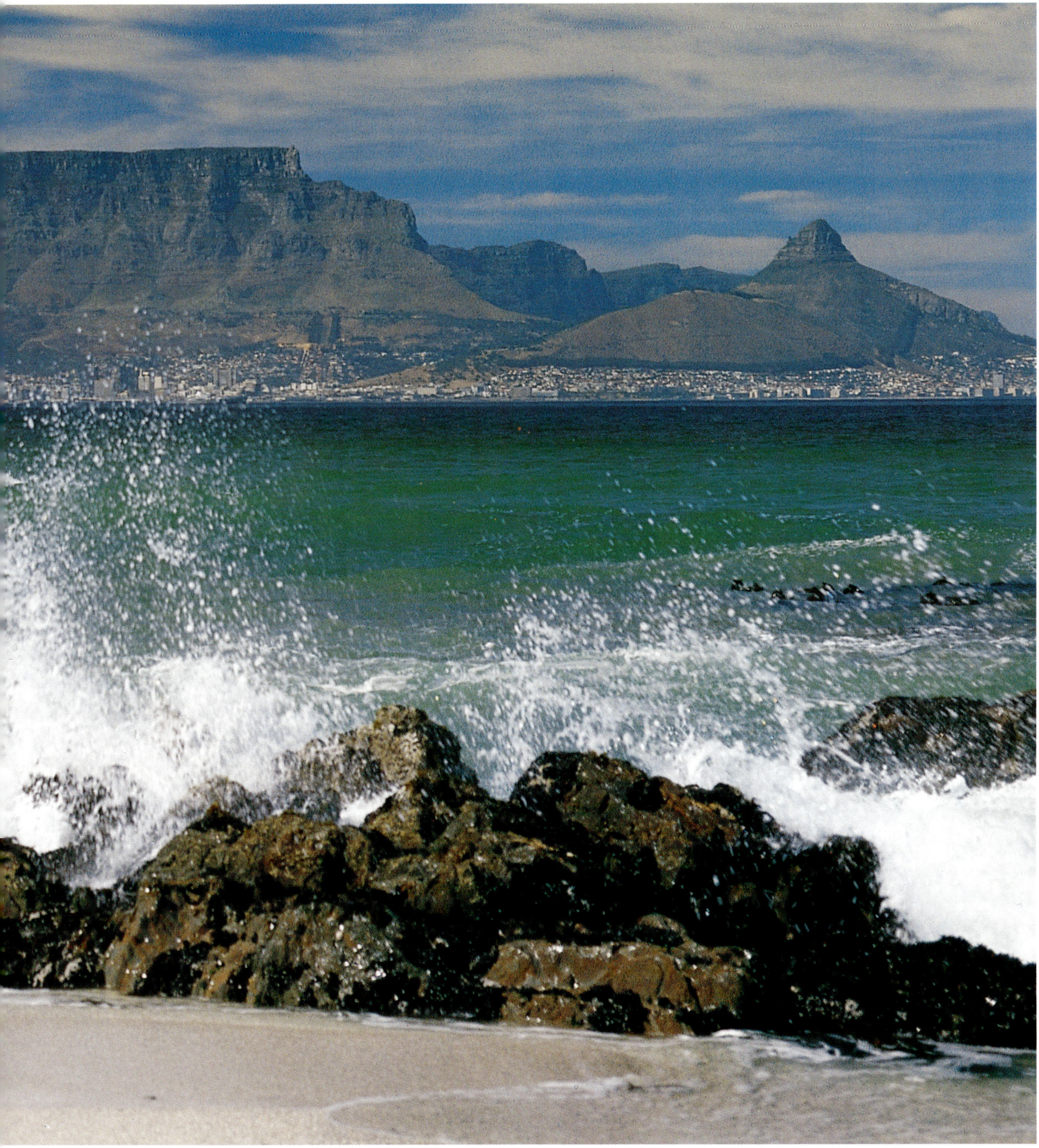

DIE NATÜRLICHEN VERHÄLTNISSE

BESIEDLUNG, LANDWIRTSCHAFT UND INDUSTRIE werden größtenteils von der vielfältigen Gestalt und Landschaft des südafrikanischen Subkontinents bedingt. Trotz dieser Vielfalt müssen in bezug auf die Oberflächengestalt des Landes zwei Hauptgebiete berücksichtigt werden, nämlich das Binnenhochland und der Küstensaum.

Das große, afrikanische Zentralplateau, das sich von der Sahara nach Süden erstreckt, verläuft sich hier, wo die über der Gneisschale liegende Sedimentdecke verschiedenartige Böden aufzeigt. Der Küstensaum, der mit Ausnahme der vom kalten Benguelastrom beeinflußten Westküste im allgemeinen sehr fruchtbar ist, erreicht am Nadelkap Afrikas südlichste Spitze.

Zwischen das Binnenhochland und den Küstensaum schiebt sich die Große Schicht- oder Randstufe, die parallel zur Küste verläuft. Diese fast ununterbrochene Gebirgskette erstreckt sich von den Drakensbergen Transvaals im Norden bis zu den gewaltigen Drakensbergen Natals und den Malutibergen Lesothos nach Süden. Teilweise fällt die Stufe jäh 2 000 Meter ab, während die zerklüfteten Gipfel des Mont aux Sources, Champagne Castle und Giant's Castle weit über 3 200 Meter emporragen.

Die südliche Randabdachung ist durch die Ketten des Ostkaplands, der Südkarru und die Höhen des Namaqualands gegliedert. An der Gartenroute des südwestlichen Kaplands führten weitgreifende geologische Vorgänge zur Kontinentsverschiebung des Pangäa, worauf wellenartige, durch seitlichen Druck erzeugte Zusammenstauchung das Kap-Faltengebirge entstehen ließ.

Die südafrikanischen Gebirge beeinflussen die Hydrologie des Landes entscheidend, die sich wiederum auf die Vegetation und somit indirekt auf die Landwirtschaft und die ihr verwandten Zweige auswirkt. Wegen der herrschenden Luftbewegungen werden die Niederschläge direkt durch die Höhe der Gebirge bedingt, besonders im Umkreis der höchsten Gebirgszüge, wie der Drakensberge, der Swartberge und Zoutpansberge. Leider sind die Gebirge — abgesehen von einer kurzen Zeit im Winter — für Schneefall zu niedrig.

Mit Ausnahme des im allgemeinen wasserreichen Küstensaums hemmen die mit der Wasserversorgung der Städte, Industrien und Landwirtschaft verbundenen Schwierigkeiten alle Entwicklung. Dies gilt besonders für das Inland mit seinen seltenen, unregelmäßigen Niederschlägen. Die wenigen, bedeutenden Flüsse kennzeichnet ihre ungleiche Wasserführung, viele versiegen zwischen den Regenzeiten gänzlich. Über die zwei wichtigsten Flußsysteme verfügen der Oranje, der hoch oben in Lesotho entspringt und im Westen in den Atlantik mündet, und der Vaal, der sich in Nordkapland mit dem Oranje vereint. Talsperren an diesen und anderen Flüssen versorgen die benachteiligten Gebiete.

Seite 1: Das strohgedeckte "Mon Repos", die Zentrale der Kap-Weinakademie in Stellenbosch.
Seite 2-3: Eine gemischte, aus Schwarzfersenantilopen und Bleßböcken bestehende Herde im Umgeni-Naturschutzgebiet.
Seite 4-5: Der zur Familie der Aloen zählende Köcherbaum (*Aloe dichotoma*) gedeiht im ariden Nordwestkapland.
Seite 6-7: Eines der weltweit bekanntesten Wahrzeichen ist der Tafelberg, den links der Devil's Peak und rechts der niedrigere Lion's Head einrahmt.

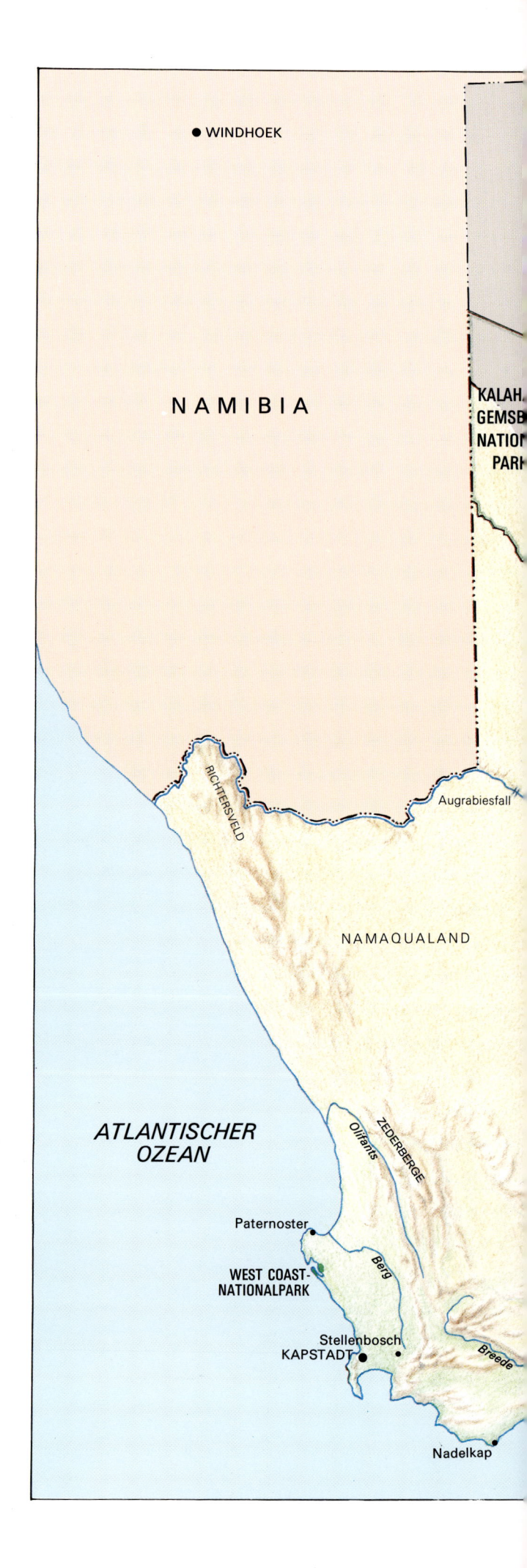

Map of Southern Africa

Countries and regions:
- SIMBABWE
- BOTSWANA
- MOSAMBIK
- KAPPROVINZ
- BOPHUTHATSWANA
- TRANSVAAL
- ORANJEFREISTAAT
- LESOTHO
- SWASILAND
- NATAL
- ZULULAND
- TRANSKEI
- CISKEI
- INDISCHER OZEAN

Cities:
- GABORONE
- Sun City
- PRETORIA
- JOHANNESBURG
- Soweto
- MAPUTO
- MBABANE
- Pilgrims Rest
- Kimberley
- Bloemfontein
- MASERU
- Pietermaritzburg
- DURBAN
- St Lucia
- Sodwana Bay
- Umtata
- Beaufort West
- Graaff-Reinet
- Grahamstown
- East London
- Oudtshoorn
- Knysna
- Plettenberg Bay
- Port Elizabeth

Mountains and regions:
- SOUTPANSBERGE
- WATERBERGE
- PILANESBERG
- MAGALIESBERGE
- DRAKENSBERGE
- STORMBERGE
- SNEEUBERGE
- SWARTBERGE
- OUTENIQUAS
- LEINE KARRU
- OSSE KARRU

National Parks:
- KRÜGER-NATIONALPARK
- GOLDEN GATE-NATIONALPARK
- MOUNTAIN ZEBRA-NATIONALPARK
- KARRU-NATIONALPARK
- MKUZI
- HLUHLUWE
- UMFOLOZI

Rivers and features:
- Limpopo
- Letaba
- Olifants
- Sabie
- Crocodile
- Vaal
- Tugela
- Oranje
- Kei
- Great Fish
- Sundays
- Gourits
- Blyde-River Cañon
- Randspitze
- Wilde Küste
- Garden Route

9

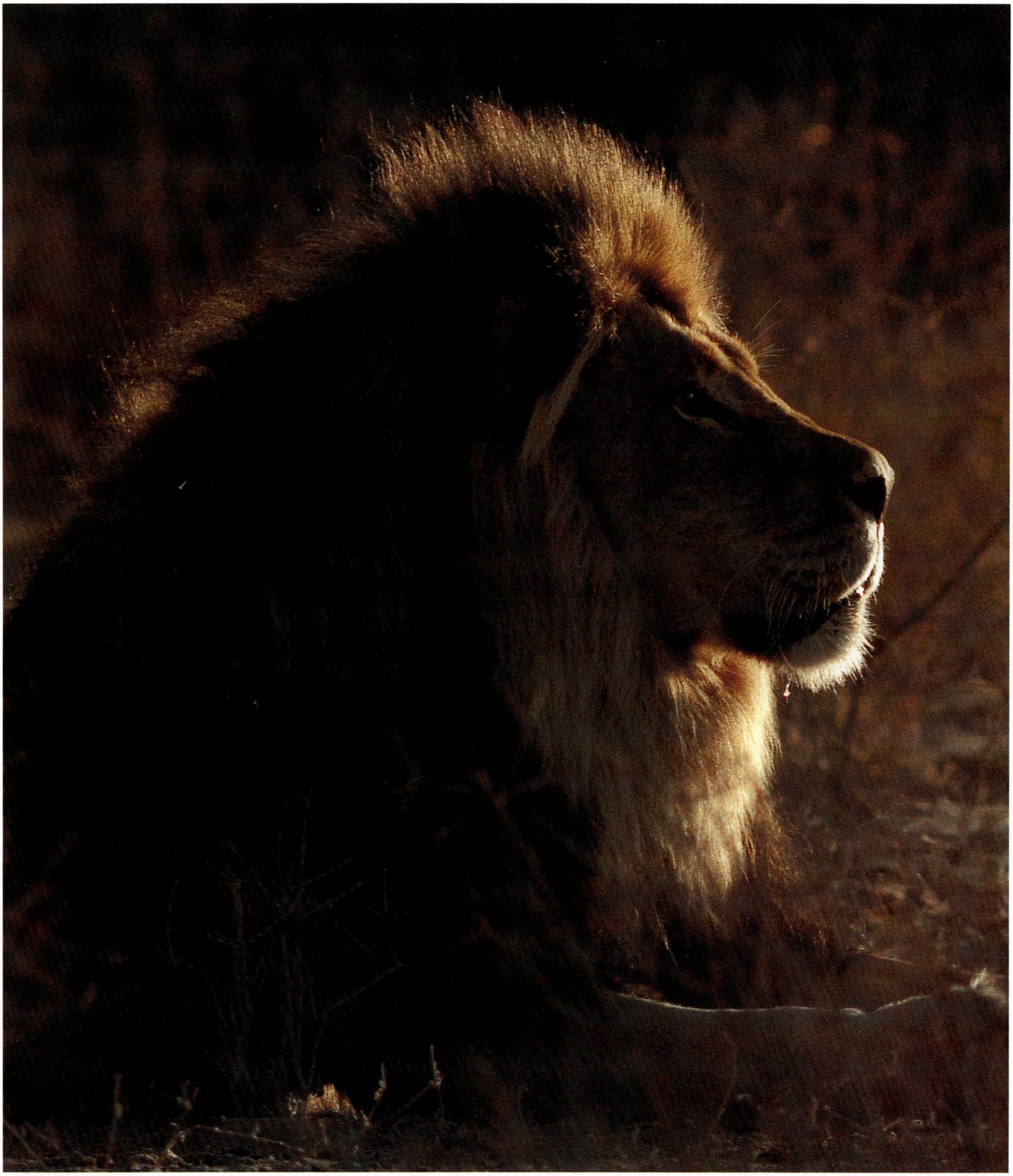

EINLEITUNG

Ein Augenblick spontaner *joie de vivre* **eines jungen Mädchens** (oben).

Ausgewachsener Löwe (*Panthera leo*) (links), ein graumelierter Veteran der Kalahari. In der Wüste bestehen die für ihre Trägheit berüchtigten Löwen einen härteren Lebenskampf. Da Löwen eine eiweißreiche Kost brauchen, bringen die Rudel der Kalahari ca. dreimal so viele Opfer zur Strecke, wie die des Krüger-Nationalparks, weil die Beutetiere der Kalahari knapp und häufig kleiner sind.

DAS MODERNE, VERWESTLICHTE SÜDAFRIKA setzt 1652 mit der Gründung einer holländischen Siedlung am Strand der Tafelbucht ein. Nach einer langsamen, ungleichmäßigen Entwicklung schenkte die Welt dem Land erst im 19. Jahrhundert Beachtung, als hier Diamanten und darauf Gold entdeckt wurden. Zu dem Zeitpunkt war allerdings durch die Laune der Geschichte und die Verstocktheit der Menschen bereits eine Zersplitterung eingetreten. Zwei Burenrepubliken, deren Bevölkerung hauptsächlich holländischer Herkunft war, und zwei britische Kolonien mit englischsprachigen Siedlern und denjenigen Buren, die die Kolonialregierung akzeptierten, hatten sich gebildet.

Wie in anderen kolonisierten Gebieten — Nord- und Südamerika, Australien, Neuseeland — waren auch in Südafrika die Einheimischen die Verlierer. Sie verloren Land und Menschenrechte, in den Augen der Kolonialherren verloren sie sogar an Bedeutung, es sei denn als Arbeitseinheiten oder gelegentlich als Feinde. Nur in Südafrika füllte man jedoch obendrein ganze Gesetzbücher mit Bestimmungen über diese Trennung. Mit Berechtigung zog Südafrika durch die Ungerechtigkeit und Unmenschlichkeit der Apartheid die Verachtung der ganzen Welt auf sich, als ein Politiker nach dem anderen geringe Verbesserungen einführte, während er versuchte, die Privilegien der Weißen trotzdem aufrechtzuerhalten.

Die ersten Anzeichen einer wirklichen Veränderung machten sich 1990 bemerkbar, als die Aufhebung des Verbots von Organisationen wie dem African National Congress und der Südafrikanischen Kommunistischen Partei bekanntgegeben wurde. Darauf folgte im Laufe der nächsten ein, zwei Jahre die Entlassung politischer Häftlinge, von denen der berühmteste Nelson Mandela war. Während ehemals verbotene Widerstandsbewegungen um die Gründung politischer Parteien bemüht sind, glauben die Südafrikaner nun zuversichtlich an eine wirkliche Demokratie in diesem wahrhaft schönen Land.

Endlich eröffnen sich neue Möglichkeiten für alle Südafrikaner, auch wenn sich fast jeder darüber im klaren ist, daß der Weg in die Zukunft alles andere als leicht sein wird. Die ungleiche Vermögens- und Bodenverteilung muß gerecht angegangen werden, denn gerade hier lassen sich die Konsequenzen der früheren, negativ befrachteten Politik in all ihren Ausmaßen erkennen. Das Land verfügt jedoch über eine stabile Infrastruktur und daher auch über das Potential zur schnellen Entwicklung, sobald ihm abermals ausländische Investitionen zufließen und der Fremdenverkehr zunimmt.

Für die meisten Besucher beginnt die nähere Bekanntschaft mit Südafrika in Johannesburg, einer Stadt, die auf Gold und Unternehmungsgeist aufgebaut ist, denen sich aber auch, wie bei Goldvorkommen in der ganzen Welt, notwendigerweise Gier und Ausbeutung beimischen. Vor kaum mehr als einem Jahrhundert gab es noch kein Johannesburg, denn damals erstreckten sich hier verstreute, im Busch gelegene Farmen an einem Höhenrücken entlang, der Witwatersrand, also Weißwasserkamm hieß. Schatzsucher gruben in Osttransvaal bei Barberton, Pilgrim's Rest, MacMac und Sabie nach Gold, doch wenige — ganz wenige — meißelten am Gestein des Witwatersrands herum, in der Hoffnung, daß der Erzgang, den alle suchten, wirklich existierte.

Dieser Treffer gelang 1886 dem Wander- und Gelegenheitsarbeiter George Harrison auf der Farm "Langlaagte". Ordnungsgemäß erhielt Harrison den Finderlohn, der dem Entdecker eines neuen Goldfelds damals zustand: ein freies Claim. Es handelte sich um Claim Nr.19, das er fast sofort für zehn Pfund verkaufte. Darauf stopfte er seine wenigen Besitztümer in einen Rucksack, drehte dem bedeutendsten Goldfund der Welt den Rücken zu und wandte sich nach Osten. Wohin er ging und warum, oder was aus ihm wurde, ist unbekannt. Ebenso unbekannt ist, welchem Johann das neue Bergbaulager seinen Namen verdankte, obwohl Mutmaßungen über verschiedene historische Persönlichkeiten verfochten werden.

Der Erzgang, von dem Harrison einen Ausbiß entdeckt hatte, stieß bald auf die verwickelte Geologie harter Quarzite und Konglomerate, die für den einfachen Goldgräber mit seiner Picke zu tief im Schoße der Erde lagen. Was man brauchte, waren beträchtliche Geldsummen und eine ständige Zufuhr an Arbeitskräften. Das Kapital kam anfänglich aus Kimberley, da die dortigen Diamantmagnaten ohne weiteres zusätzliche Investitionen aus Europa anziehen konnten.

Die Arbeitskraft stellte ein nicht abreißende Strom Schwarzer aus allen Teilen des südlichen Afrikas. Unter ihnen befanden sich wenige Abenteuerlustige, Freiwillige, da es sich um schwere, gefährliche Arbeit handelte, auch war die Umgebung unter Tage furchterregend und der Lohn erbärmlich niedrig. Die meisten kamen jedoch, weil es ihre Häuptlinge befohlen hatten, oder weil sie von Werbern hinters Licht geführt worden waren. Den zurückgebliebenen Familien blieb es

Einleitung

überlassen, ohne den Vater oder stärksten Sohn auszukommen, während die neuen Arbeitskräfte des Bergwerks in geschlossene Barackenlager getrieben wurden, die sie für die Dauer ihres Vertrags nur verlassen durften, um einzufahren. Die Lebensbedingungen in einigen Lagern entsprachen nicht einmal denen eines schlecht geführten Gefängnisses.

Der Ackerbau vieler der zurückgelassenen Familien reichte nicht einmal für den Eigenbedarf, so daß sie endgültig vom Land nach Johannesburg zogen, um sich im Umkreis der Stadt illegal anzusiedeln. Die Frauen verdingten sich als Lohnarbeiterinnen in den "weißen" Städten, die um die Bergwerke emporschossen. Auch ein im Wandel begriffenes Südafrika muß das Vermächtnis dieser Wanderarbeit in den Griff bekommen. Zwar ersetzten wesentlich freundlichere Wohnheime die ehemaligen Barackenlager, doch bleibt die Familientrennung eine bedauerliche Tatsache. Allmählich sollte die Wanderarbeit größtenteils abgeschafft werden, doch kann man kaum heute oder morgen damit rechnen.

Mitten in Johannesburg erinnern Abraumhalden und Fördergerüste an den Ursprung der Stadt, doch auch daran, daß sich tief unter der Oberfläche tagtäglich 24 Stunden lang Bergleute bei ihrer Schicht abplagen. Man zog Gärtner zu Rate, um den riesigen Halden ein freundlicheres Gesicht zu verleihen, und jetzt bedeckt sie ein sommerlicher, grüner Flor.

Die Landschaft des Witwatersrands konnte dem Bergbau jedoch auch eine angenehme Seite abgewinnen. Das zeigt sich an einer Reihe von Staubecken, die entstanden, als man das unterirdische Wasser an die Oberfläche pumpte und künstliche Seen schuf, die hauptsächlich der Erholung dienen. Die daraus erfolgende Senkung des Grundwasserspiegels, sowie die ständige Entfernung des Abraumes führten zu einer gewissen Instabilität und häufigen Erdstößen, die allerdings teilweise so gering sind, daß sie nur der Seismograph aufzeichnet. Die Johannesburger nehmen diese schwachen Erdbeben gelassen hin und scheinen über sie meistens ebenso unbesorgt zu sein, wie über die krachenden Sommergewitter.

Wer die modernen Gebäude der Innenstadt Johannesburgs zu auffällig oder gar herausfordernd findet, braucht sich nur von den Glasfassaden oder auf einem Sockel schwebenden Gebilden abzuwenden, um noch erhaltene, ältere Bauwerke zu entdecken, die zum Teil Giganten ihres eigenen Zeitalters waren. Der angesehene Architekt Herbert Baker, der später für seine Leistungen in Neu-Delhi geadelt wurde, eröffnete zu Beginn dieses Jahrhunderts sein Architektenbüro in Johannesburg und hinterließ einige im Auftrage der dortigen Magnaten erbaute Villen, die größenmäßig teilweise öffentlichen Gebäuden entsprachen und auch heute noch manch ein vornehmes Anwesen in Parktown zieren.

Dann gibt es noch das anliegende "andere Johannesburg". An den getrennten Gemeinschaften zeigen sich eindeutig die Konsequenzen der Apartheid, die man in Südafrika zu überwinden sucht. Soweto — von SOuth WEstern TOwnships — hat offiziell eine Million schwarze Einwohner, doch entspricht die tatsächliche Einwohnerzahl wahrscheinlich eher zwei Millionen. Die Palette der Wohnungen reicht von provisorischen Unterkünften, wie Hütten und anderen primitiven Unterständen, bis zu fast palastartigen Villen. Bis vor kurzem betrachtete man den Aufenthalt der städtischen Schwarzen als bloß vorübergehend, da sie angeblich ihren ständigen Wohnsitz in einem der "Homelands" hatten. Sie mußten sich jederzeit mit einem "Paßbuch" ausweisen können, während die Gesetze der "Zustromkontrolle", die die schwarze, städtische Einwohnerzahl beschränkten, streng durchgesetzt wurden. Seit der Abschaffung dieser und anderer Apartheidsgesetze haben Schwarze jedoch auch einen Rechtsanspruch auf Besitztitel. 1991 hob man zudem das seit 1950 gültige Gesetz auf, das vorgeschriebene Wohnviertel zur Trennung der verschiedenen Rassen vorsah ("Group Areas Act"), doch können grundlegende Bevölkerungsvorgänge wohl kaum unvermittelt rückgängig gemacht werden.

*I*m Nordwesten Johannesburgs und Pretorias gaben Vergnügungssucht — und Profitstreben — Anlaß zum erstaunlichen Sun-City-Komplex in der halbariden Republik Bophuthatswana, der Hotels, Kasinos, Theater, Gärten und Golfplätze einschließt. Die Entstehung dieser vom südafrikanischen Staatsgebiet eingeschlossenen Republiken bedarf einer Erklärung. Als Ideal der sogenannten "großen Apartheid" galt eine Lage, in der es keine schwarzen Südafrikaner mehr gab. Die Schwarzen, behauptete man, gehörten verschiedenen Gruppen an, die vorwiegend von ihrer Muttersprache bedingt waren und auch die traditionell von ihnen besiedelten Gebiete des Subkontinents bestimmten. Wenn man daher diese Gebiete als "Homeland" proklamierte und jeden Schwarzen aufgrund seiner Gruppenzugehörigkeit "repatriierte", konnte aus dem "Homeland" endgültig eine unabhängige Republik werden. Ausgewählten Staatsbürgern gestattete man unter den strengsten Regierungsmaßnahmen, sich in Südafrika um Arbeitsplätze zu bemühen, während man südafrikanische Industrielle ermutigte, Fabriken in Grenznähe zu erstellen, damit den neuen Republiken Einnahmequellen zugesichert würden.

Vier dieser Homelands sind dem Namen nach unabhängige Staaten: Transkei, Bophuthatswana, Venda und Ciskei, verschiedene andere bezeichnet man aber als "selbstverwaltete Staaten". Die unabhängigen Republiken werden jedoch nur

EINLEITUNG

gegenseitig und von Südafrika anerkannt, wobei diese bizarre Hegemonie an tatsächlichen Kosten, an mangelndem Fortschritt und menschlichem Leiden einen hohen Preis forderte. Um wenigstens den Anschein der Rentabilität erwecken zu können, benötigen diese Republiken jährlich gewaltige Geldzuschüsse von der südafrikanischen Zentralregierung. Armut und Arbeitslosigkeit sind hier gang und gäbe, doch verfügt jeder der Staaten über sein eigenes Kabinett mit hochbezahlten Ministern, Amtsvillen und Limousinen. In Südafrika selbst bedeutet das Dreikammerparlament eine Verdreifachung der Ämter und unnötige Vervielfältigung der Verwaltungskosten. Die meisten Bürger dieser Staaten — auch Südafrikas — teilen daher die Hoffnung auf eine baldige Wiedervereinigung unter einer einzigen Regierung. Diese Überlegungen belasten aber selten den Besucher, wenn er auf dem Weg nach Sun City ohne Formalitäten die Grenze passiert.

Abgesehen von seiner umstrittenen Architektur bildet Sun City doch eine Oase am Rande des Highveld-Plateaus, das sich über den größten Teil des Oranjefreistaats, sowie Süd- und Westtransvaal erstreckt. Die meisten Besucher locken Spielautomaten und andere Glücksspiele hierher. Da diese in Südafrika verboten sind, bieten übrigens auch andere Homelands die Möglichkeit, ein Vermögen beim Glücksspiel zu riskieren. Bophuthatswana, das sich nicht nur mit Oberflächlichkeiten abgibt, setzte sich auch auf dem Gebiet des Naturschutzes tatkräftig ein, wie es u.a. der dem Sun-City-Komplex angeschlossene Pilanesberg-Nationalpark eindeutig beweist.

Ganz anders gibt sich Pretoria, die ehemalige Hauptstadt der Zuid-Afrikaansche Republik und seit 1910 der Sitz der Verwaltung. Pretoria ist sich seiner Würde bewußt aber auch stolz auf seine sauberen, von Jakaranda gesäumten Straßen. Im Gegensatz zu Johannesburg entwickelte es sich geruhsam und hatte daher genügend Zeit, Grünanlagen einzuplanen, ebenfalls mehr als 100 öffentliche Parks und Naturschutzgebiete. Auch mit verschiedenen Museen brüstet sich die Stadt.

Hier befindet sich die Universität Pretoria mit der größten ortsansässigen Studentenzahl des Landes, sowie die Universität Südafrika, die größte Fernuniversität der Welt. Beide sind in gewaltigen Gebäudekomplexen untergebracht, doch noch bedeutender sind gewiß das 1910 fertiggestellte Unionsgebäude und das Voortrekkerdenkmal. Die das Stadtbild beherrschende Lage des Unionsgebäudes am Meintjies Kop inspirierte den Entwurf des Architekten Herbert Baker, dem ein imposanter Bau im Stil einer modernen Akropolis vorschwebte. Das vornehme Bauwerk, in dem die Ministerien untergebracht sind, erhebt sich stolz über einem Amphitheater gepflegter Gartenanlagen und üppiger Rasenplätze.

Mit dem Bau des Voortrekkerdenkmals begann man 1938 zur Jahrhundertfeier des Großen Trecks, der die Wanderung der Viehzüchter, die vorwiegend holländischer Herkunft waren, aus der damaligen britischen Kolonie Kap der Guten Hoffnung beschreibt. Die Voortrekker (Pioniere) empfanden die britische Politik seit der Besetzung der früheren holländischen Kolonie im Jahre 1806 als widersprüchlich und unerhört liberal, besonders in bezug auf die Rassenfrage, wobei die Abschaffung der Sklaverei den Durchschlag gab. Die Situation verschlimmerte sich durch die zwischen den schwarzen Hirtenvölkern und weißen Siedlern zunehmende Konkurrenz um das Grenzland. Die Pioniere lösten das Problem, indem sie ihre Ochsen anspannten und ein Gebiet jenseits des britischen Einflußbereichs aufsuchten, wo sie endgültig die Republiken Oranje Vrij-Staat und Transvaal (Zuid-Afrikaansche Republik) gründeten. Dabei kam es zu blutigen Auseinandersetzungen mit den schwarzen Völkern, doch der endgültige Siegberuhte meistens auf überlegener Strategie und Feuerkraft.

Als erfolgreichste Taktik der Voortrekker erwies sich die Abwehrmaßnahme eines "laagers", bei dem die kreisförmig aufgestellten Ochsenwagen aneinander befestigt wurden. Diese äußerst unzulängliche Barrikade bot jedoch den Männern, die zweifellos zu den besten Scharfschützen der Welt zählten, einen gewissen Schutz. Obwohl die Steinschloßgewehre mit ihrem glattem Lauf gewiß primitiv und unzuverlässig waren, mußte ihre kartätschenartige Kurzstreckenwirkung den Speeren und mit Ochsenhaut bespannten Schilden ihrer Gegner überlegen sein. An einer solchen, obendrein von Kanonen unterstützten Gefechtsordnung zerschlug sich am 16.Dezember 1838 der Widerstand der Zulu.

*I*hr fester Glaube und die Ablehnung aller Aspekte, die mit den Engländern zu tun hatten, verband die Voortrekker zwar, doch gab es auch zahlreiche Streitigkeiten. So führte ihre Zänkerei dazu, daß nach ihrer Ankunft im Highveld einige dem einen Führer in ein Gebiet folgten, das später Natal heißen sollte, während andere mit dem zweiten in den fernen Norden Transvaals zogen. Republiken, die wirtschaftlich und politisch nicht vertretbar waren, schossen wie Pilze überall auf der Landkarte empor, und die nördlichste von ihnen, Zoutpansberg, wurde 1848 mit ihrer Hauptstadt Schoemansdal gegründet.

In diesem Gebiet fand man auch Überreste einer alten Zivilisation. Auf dem Hügel Mapungubwe — "Ort des Schakals" — und dem benachbarten Bambandyanalo schmiedeten Menschen bereits vor ca. eintausend Jahren Gegenstände aus Eisen, Kupfer und Gold. Durch ihren Handel erhielten sie Perlen aus Mesopotamien, Rom und Indien, während die hier

---

Das hochaufragende Johannesburg
Sun (links) zählt zu den vielen modernen Hotels der Stadt, die vorzügliche Restaurants, luxuriöse Unterkünfte und vielfältige Möglichkeiten zur Freizeitgestaltung (z.B. eine Jogging-Halle) bieten.

Der Fußgängerstrom (ganz oben) gerät an einer geschäftigen Kreuzung in Pretoria zeitweilig ins Stocken.

An der Johannesburger Börse (JSB) (oben) werden jährlich Aktien im Werte von Billionen gehandelt. Die allgemein als "Diagonal Street" bekannte Börse befindet sich heute in Johannesburgs Geschäftszentrum des Bergbau- und Finanzwesens, wurde aber 1887 unter freiem Himmel gegründet.

EINLEITUNG

entdeckten, ägyptischen Perlen ungefähr aus der Zeit um 200 v. Chr. stammen. Sie bauten auch Steinmauern im Stil von Groß-Simbabwe. Die Ruinen ähnlicher Gebilde entdeckte man ebenfalls weiter östlich bei Dzata und in Venda.

Wiederholte Kriege zwischen den Venda, die von einem im 17. Jahrhundert aus Simbabwe zugewanderten Volk abstammen, und den Voortrekkern führten endlich 1867 zur Preisgabe Schoemansdals. Seine Einwohner zogen sich in den Süden zurück, wo ihnen Grundstücke im heutigen Pietersburg, der größten Stadt Nordtransvaals, bewilligt wurden.

Von Pietersburg aus führt eine Straße nach Osten zu der kleinen Ortschaft Haenertsburg, dem ehemaligen Zentrum der inzwischen stillgelegten Woodbush-Goldfelder, das jetzt aber den Ausgangspunkt des fernen, wunderschönen Wolkberg-Naturschutzgebiets bildet. Östlich von Haenertsburg fällt die Straße zu der malerischen Magoebaskloof (Schlucht) hinab, die ihren Namen Makgoba verdankt, einem Häuptling der Batlou. Dieser widersetzte sich der Expansionspolitik der Republik Transvaal und starb 1895 an einem dieser Hänge. Heute liegen aber keine Schatten der traurigen Vergangenheit über dieser bewaldeten Schlucht, durch die sich die Straße in weniger als sechs Kilometern zu dem 600 Meter tiefer gelegenen Tzaneen hinabschlängelt. Lustig plätschert das Wasser über das Gestein des Debegenifalls, und während auf der einen Seite Teeplantagen die Hügel bedecken, erstrecken sich auf der anderen die ruhigen Gewässer riesiger Staubecken.

Der Wolkberg in der Nähe Tzaneens zählt zu den nördlichsten Ausläufern der Drakensberge, die sich nach Süden und Westen hinziehen und ihren Einfluß in allen vier Provinzen Südafrikas, sowie dem Königreich Lesotho geltend machen, bis sie sich im Kapland verlaufen. Das im ganzen eindrucksvolle Gebirge wirkt wohl in der Nähe des Städtchens Graskop am imposantesten. Hier liegt die Große Randstufe Osttransvaals, deren Felswände schroff zum Lowveld abfallen.

Auch auf diesen Höhen entdeckte man Gold, und zwar in den zahlreichen Wasserfällen, die Namen wie Berlin, Lisbon, Bridal Veil, Sabie, Panorama und MacMac tragen, in den Flüssen Blyde und Treur, sowie in Pilgrim's Creek. Angeblich verdankt MacMac seinen Namen einem Präsidenten der Republik Transvaal, Thomas Burgers. Bei einem Besuch des Bergbaulagers lernte er so viele Schotten kennen, deren Name mit "Mac" begann, daß er den Ort MacMac taufte.

Das dauerhafteste Goldvorkommen entdeckte man 1874 bei Pilgrim's Rest, und die kleine, hauptsächlich aus Wellblech gebaute Ortschaft blieb als Erinnerung an die damalige Zeit erhalten. Die Goldgräber zogen das billigere Wellblech den Backsteinen vor, auch erwarteten sie tagtäglich ihre Ausweisung, da außer Holländern keine anderen Ausländer ("uitlanders") hier geduldet waren. Pilgrim's Rest ist von zahlreichen Geschichten umwoben — von der ihres Goldes beraubten Postkutsche, vom Grab des unbekannten Räubers, von der Hotelbar, die vorher in Maputo als katholische Kapelle gedient hatte usw. Es lohnt sich wirklich, dieses Gebiet zu erkunden, da es an der malerischen Panoramastraße liegt und die Große Randstufe, die Wasserfälle, den Blyde-River-Cañon und die Strudelkessel von Bourke's Luck einschließt.

Nicht weit und südlich von Pilgrim's Rest liegt die auch aus dem Goldrausch geborene Stadt Sabie, die jetzt aber von gewaltigen Forsten umgeben ist. Mit Lydenburg, einer weiteren, ehemaligen Hauptstadt einer Burenrepublik, verbindet Sabie der herrliche Long-Tom-Paß, der sich wie ein glänzendes Band fast 50 Kilometer durch die Drakensberge windet. Von Sabie aus steigt die im Sommer häufig in Nebelschleier gehüllte Bergstraße ca. 1000 Meter bis zum Gipfel an, worauf sie sich wieder ungefähr 700 Meter nach Lydenburg hin senkt. Zur Zeit der Zuid-Afrikaansche Republik nannte man dies die "Hafenstraße", ein anstrengender Weg, der die Ochsenwagen bis zur Delagoabucht ans Meer führte.

Als "Long Tom" bezeichneten die britischen Soldaten und später auch die Buren die vier Creusot-Belagerungsgeschütze, die die damalige Republik 1899 kurz vor dem Ausbruch des Burenkrieges von den Franzosen erstand. Die Bauweise der Geschütze war zu diesem Zeitpunkt bereits 20 Jahre alt, das galt wahrscheinlich auch für das Alter der von Frankreich gelieferten Munition, da diese häufig im kritischen Augenblick versagte. Während des Rückzuges nach der letzten, großen, offenen Schlacht des Krieges, die im August 1900 bei Bergdal stattfand, schoben die Buren zwei dieser Geschütze durch das holperige, bergige Gelände, worauf es ihnen gelang, die sie verfolgende britische Infanterie aus der nächsten Nähe anzugreifen. Die aus Metall hergestellte Nachbildung eines Long Tom in Originalgröße steht am Straßenrand und erinnert einen an jenes, wildes Durcheinander, das in dieser friedvollen Umgebung so unwahrscheinlich wirkt.

Auch über den Kowyn's-Paß zwischen dem in einer Höhe von 1 488 Metern gelegenen Graskop und dem ungefähr 500 Meter tieferen Bosbokrand gelangt man ins Lowveld hinab. Von dieser Bergstraße aus kann man sich an den jäh ansteigenden Felswänden und Vorsprüngen der Großen Randstufe sattsehen, da ihr geringes Gefälle zur weiten Ebene leichter zu bewältigen ist. Die höchste Bodenerhebung des eigentlichen Lowvelds liegt bei 650 Metern über dem Meeresspiegel. Während des heißen Sommers ist hier die Malaria weit verbreitet, während Bilharzia (Pärchenegel) in manchen Gegenden eine Gefahr bedeuten, doch in dieser Ebene mit ihren hohen Gräsern, laubwerfenden und immergrünen Bäumen befinden sich einige der letzten Naturreiche Afrikas, von denen der Krüger-Nationalpark das größte ist.

14

Einleitung

Obwohl der Name des weltberühmten Wildschutzgebiets Paul Krüger ehrt, den Präsidenten der Zuid-Afrikaansche Republiek, ist die heutige Gestaltung des Parks den Bemühungen anderer zu verdanken. Am bedeutesten war in dieser Hinsicht der britische Oberst a.D. James Stevenson-Hamilton, der erste Direktor des Krüger-Nationalparks. Allen politischen und logistischen Widrigkeiten zum Trotz, denen sich jeder andere gebeugt hätte, kämpfte er verbissen um den Fortbestand des Parks. Seinem Gedenken am angemessensten ist wohl Skukuza, der Name der Parkzentrale, die von einem Feriendorf umgeben ist. Skukuza heißt auf schangaan "der alles sauberschabt" und ist der ihm von seinen Mitarbeitern verliehene Name, der sich auf seinen unerbittlichen Kampf gegen das Wildern bezieht. Heutzutage führt der Krüger-Nationalpark die ständig wachsende Kette der südafrikanischen Nationalparks und wird als "größtes Hotel Afrikas" bezeichnet, da hier täglich mehrere Tausend Besucher beherbergt werden können.

Im Winter, wenn das Gras kurz ist und viele Bäume ihr Laub abgeworfen haben, kann man wahrscheinlich das Wild am besten beobachten. Wegen der dann herrschenden Trockenzeit nimmt man das Wild zwar auch bequemer im Umkreis der Wasserstellen wahr, doch eigentlich spielt die Jahreszeit keine Rolle, denn Tiere entdeckt man bei einer Rundfahrt immer. Für Abenteuerlustige organisierte man von Wildschutzbeamten geführte Wanderfahrten. An der Westgrenze des Krüger-Nationalparks entstanden mehrere private Wildschutzgebiete, u.a. Timbavati, Manyeleti und Sabi Sand, wo Besucher in luxuriösen Bungalows untergebracht sind und in offenen Fahrzeugen den Busch kennenlernen.

Für die meisten Besucher beginnt die Begegnung mit dem wahren Afrika erst, nachdem sie einen Löwen aus unmittelbarer Nähe gesehen haben. Seit undenklichen Zeiten umgibt den König der Tiere ein geheimnisvoller Nimbus. Trotz aller Fabeln und seiner Sonderstellung in der Heraldik gibt sich der Löwe jedoch selten königlich. Meistens liegt er faul im Schatten, überläßt den Löwinnen größtenteils die Jagd, besteht aber beim Fraß auf seinen Vorrang. Ein ausgewachsenes Männchen, dessen Lebensdauer normalerweise ca. 20 Jahre beträgt, wiegt bis zu 220 Kilogramm. Die angebliche Unfähigkeit des Löwen, auf Bäume zu klettern, ist ein weit verbreiteter Irrtum: er klettert auf Bäume und ist auch überhaupt nicht wasserscheu. Wird er gereizt, kann er in ungefähr 4 Sekunden 100 Meter zurücklegen, es fehlt ihm aber an Ausdauer, daher kann ihm ein Beutetier entkommen, wenn es dem ersten Sturmangriff gewachsen ist.

Viele meinen, daß der Königstitel des Löwen eigentlich dem Elefanten gebührt, der ehemals den gesamten Subkontinent bewohnte, jetzt aber vorwiegend auf die Naturschutzgebiete Osttransvaals, Zululands und der östlichen Kapprovinz bei Addo beschränkt ist. Die letzten Exemplare der wilden Herden — vermutlich bloß noch drei oder vier — leben tief in den einheimischen Wäldern, die das Städtchen Knysna im südlichen Kapland umgeben, doch setzte man dort vor kurzem zusätzlich fünf junge Elefanten aus dem Krüger- Nationalpark aus.

Nach dem Elefanten ist das Breitmaulnashorn das größte Landsäugetier. Obwohl es auch als "weißes" Nashorn bezeichnet wird, ist es wie sein "schwarzer" Vetter (Spitzmaulnashorn) eher grau. Seine Greiflippen dienen ihm zum Abzupfen kleiner Zweige, während das Breitmaulnashorn (Schulterhöhe bis zu zwei Metern) ein Grasfresser ist.

Auch das Flußpferd gehört zu den Schwergewichtlern, denn der Bulle wiegt ca. 1 500 Kilogramm. Fast das ganze Jahr hindurch teilt das Flußpferd das heimatliche Gewässer in freundlicher Nachbarschaft mit dem Krokodil, doch weiß man, daß die Kälber der Flußpferde vor ihm nicht sicher sind. Kurz bevor eine Kuh zu kalben beginnt, vertreiben daher ihre Artgenossen alle Krokodile im Umkreis. Da ihre dicke Haut äußerst hitze- und lichtempfindlich ist, verbringen Flußpferde den größten Teil des Tages im Wasser. Der gewaltige Rachen des Flußpferdes ist mit furchteinflößenden Zähnen gewappnet und könnte ein Krokodil mit einem Biß zerteilen, doch als Pflanzenfresser zieht es Gras und Schilftriebe vor.

Der gesellig lebende Büffel, dessen Herden häufig aus Hunderten von Tieren bestehen, suhlt sich auch gern. Der Büffel teilt das Schicksal vieler anderer afrikanischer Tiere, denn obwohl er einst von der Kaphalbinsel bis über den Limpopo hinaus weit verbreitet war, beschränkt sich sein Revier heutzutage auf die Schutzgebiete.

Das Highveld erstreckt sich über Zentral- und Südtransvaal, sowie den gesamten Oranjefreistaat, allerdings mit Ausnahme des an Natal und Lesotho stoßenden Grenzgebiets. Hier begegnet man abermals den gewaltigen Drakensbergen und Lesothos Malutigebirge, in deren Ausläufern die Verwitterung die auffallenden Sandsteinformationen des Golden Gate Highland-Nationalparks entstehen ließen. Das "Goldene Tor" selbst besteht aus zwei riesigen "Landspitzen", doch noch imposanter wirkt der Brandwag.

In der Nähe befindet sich das malerische, nach dem gleichnamigen Ort in der Schweiz benannte Städtchen Clarens, in dem 1904 Paul Krüger, der letzte Präsident der Zuid-Afrikaansche Republiek, im Exil starb. Krüger wurde 1825 geboren, nahm als Halbwüchsiger am Großen Treck teil und erlebte die Schlacht bei Vechtkop gegen die Matabele. Obwohl das für

Ein dampfgetriebener Passagierzug fährt schnaufend durch die Landschaft. Da in Südafrika einige der wenigen Dampflokomotiven der Welt verblieben, strömen Enthusiasten aus aller Herren Länder herbei, um diese vornehmen Oldtimer im Einsatz zu sehen. Der Stolz des Landes, der weltweit berühmte "Blue Train", der zweimal wöchentlich zwischen Johannesburg und Kapstadt verkehrt, wird wie die vielen, modernen Passagier- und Güterzüge dieselelektrisch betrieben.

15

EINLEITUNG

die Buren im Kampf so wichtige "laager" nicht zerstört wurde, mußten sie den Matabele alle Zugochsen opfern, und da sie sich nicht zu weit von ihrer "Festung" zu entfernen wagten, wurden sie, bis sie die Baralong entsetzten, effektiv belagert. Krüger standen noch viele Kämpfe bevor, doch als Präsident regierte er sein Land wie ein Diktator.

Krüger, der in England und von Imperialisten wie Cecil Rhodes als "rückständig" betrachtet wurde, liebte sein Volk — die Buren — und sein Land über alles. Ein tiefer, auf dem Alten Testament fußender Glaube, sowie sein Erzkonservativismus beeinflußten seine ernsten Bedenken über die langfristigen Folgen der Goldfunde und der aus diesem Grunde herbeigelockten Ausländer oder "Uitlanders" für den Witwatersrand. Das von ihm vertretene Monopol- oder Konzessionssystem — das sich auf alle Wirtschaftsbereiche erstreckte — verhinderte Investitionen und die Entwicklung der Industrie. Die Uitlanders hatten kein Stimmrecht, während die Schwarzen, denen man nur wenige Rechte zugestand, durch hohe Besteuerung auf den Arbeitsmarkt gezwungen werden sollten.

Ironischerweise mußte Krüger in den meisten, von Sir Alfred Milner ausgehandelten Bedingungen, wie dem Anspruch der Uitlanders auf Staatsbürgerschaft und Stimmberechtigung, nachgeben. Doch, wie so häufig in der südafrikanischen Geschichte, waren diese Zugeständnisse zu gering und kamen zu spät, da sich die britische Regierung auf Drängen der Minenmagnaten bereits entschieden hatte, aus der Zuid-Afrikaansche Republik eine britische Kolonie zu machen.

Der 1899 ausgebrochene Krieg verlief anfänglich zugunsten der Buren, vornehmlich wegen der militärischen Unfähigkeit der Engländer, doch gab schließlich die zahlenmäßige Überlegenheit den Ausschlag. Aus seinem mit Krieg überzogenen Land schickte man Krüger mit der Eisenbahn nach Osten, von wo aus er endlich mit einem Kriegsschiff, das die freundlich gesinnte Königin der Niederlande nach Mosambik entsandt hatte, ins Exil reiste. Alle Versuche, Unterstützung aus Europa zu bekommen, schlugen fehl, und der lange Weg, der für Präsident Paul Krüger mit dem Großen Treck begonnen hatte, endete in einer Villa in Clarens (Schweiz).

Die Berge im Umkreis des südafrikanischen Clarens beheimateten lange die kleinwüchsigen Buschmänner oder San. Dieses Jäger- und Sammlervolk, das weder Ackerbau betrieb, noch Vieh hielt, lebte in derartiger Harmonie mit der Erde, daß man die ihre als die "vollendete Lebensweise" bezeichnet hat. Pfeile mit vergifteter Spitze und Bogen dienten ihnen als Waffen, doch über die Einzelheiten ihrer Kultur muß man sich häufig in Vermutungen ergehen, wie es sich an den vielen, noch erhaltenen Felsmalereien zeigt, die an ihr Hinscheiden erinnern. Viele der Malereien stellen zweifellos erkennbare Menschen und Tiere in verschiedenen Situationen dar — auf der Jagd, im Kampf oder friedlich fressend. Andere Abbildungen mit Figuren, die weder Mensch noch Tier sind, wirken wiederum geheimnisvoll, und fasziniert Forscher vermuten hier einen zwischen der Geisterwelt und der Realität hergestellten Zusammenhang durch die Darstellung der von Medizinmännern im Trancezustand erfahrenen Halluzinationen. Die Kultur der San birgt noch viele Geheimnisse, doch das gilt kaum für ihr Schicksal. Da schwarze Hirtenvölker und weiße Siedler sie als Viehdiebe verachteten und fürchteten, wurden sie vorsätzlich zu Tode gehetzt. Man rottete sie nicht nur in den Bergen des Oranjefreistaats, sondern in allen Gebieten Südafrikas gänzlich aus. Versprengte Gruppen kommen noch in den Nachbarländern Botswana und Namibia vor, doch fiel ihre "vollendete Lebensweise" der Kulturaneignung zum Opfer.

Bloemfontein, die Provinzhauptstadt des Oranjefreistaats, ist der Sitz des Berufungsgerichts. Hier fallen einem eine Reihe interessanter Bauwerke auf, u.a. das reizende kleine Gebäude aus dem Jahre 1849, in dem die erste Regierung (Volksraad) der alten Burenrepublik zusammentrat, um über die Zukunft des Landes zu beraten. In Bloemfontein befindet sich auch das Kriegsmuseum der Burenrepubliken.

Ein Merkmal des Burenkrieges waren die von den Engländern eingerichteten Konzentrationslager für burische Zivilisten. Mit den Vernichtungslagern des Dritten Reiches haben sie wenig gemein, sie sollten vielmehr Zivilisten an festgesetzten Zentren zusammenführen, um somit die Aufgabe der britischen Armee zu erleichtern, sie regelmäßig mit Lebensmitteln und Wasser zu versorgen.

Die Notwendigkeit dieser Konzentrationslager ergab sich aus der britischen Strategie, burische Farmen und deren Viehbestand zu verwüsten, um zur Zeit des Guerillakriegs das Versorgungsnetz der Buren zu zerstören. Die britische Armee war jedoch kaum fähig, die eigenen Truppen zu versorgen, daher konnte sie diese zusätzliche Last unmöglich bewältigen. Die schrecklichen Lager forderten im ganzen 26 000 Tote.

*E*ine interessante Gedenkstätte entdeckt man hoch oben an einem der alten Pässe in den Drakensbergen, über die die Voortrekker nach Natal hinabzogen, um dort endgültig eine weitere Republik zu gründen. Sie hatten davor eine Gruppe mit dem Auftrag vorausgeschickt, mit König Dingane der Zulu über Landnahme zu verhandeln. Unter

EINLEITUNG

ihnen befand sich Pieter Retief, der eines Tages zum bedeutendsten Märtyrer des Großen Trecks werden sollte. Während seiner Abwesenheit schrieb seine Tochter seinen Namen und das Datum auf einen geschützten Felsen am Kerkenberg (Kirchberg). Von hier hat man einen atemberaubenden Blick weit über die "Gartenprovinz" Natal.

Der Name der Provinzhauptstadt Pietermaritzburg setzt sich aus denen der beiden Voortrekkerführer Pieter Retief und Gerrit Maritz zusammen, doch gebraucht man häufig die Kurzform Maritzburg. Üppige Parkanlagen und die ziegelroten, viktorianischen Gebäude verleihen der kleinen, doch betriebsamen Stadt eine heitere Atmosphäre. Über dem Stadtzentrum thront das imposante, 1900 fertiggestellte Rathaus, das angeblich das größte, gänzlich aus Backsteinen errichtete Gebäude der südlichen Halbkugel sein soll. Viele andere Überbleibsel erinnern an die berauschende Kolonialzeit, ja es gibt sogar einen — wenn auch flüchtigen — Berührungspunkt mit dem französischen Zweiten Kaiserreich: einen Pfosten vor dem Hotel Imperial, an den der französische Kronprinz 1879 einen oder zwei Tage hintereinander die Zügel seines Pferdes band. Der Kronprinz begleitete zu diesem Zeitpunkt als Beobachter die in Zululand einmarschierenden englischen Truppen. Auf einem Patrouilleritt durch Gelände, aus dem der Feind angeblich vertrieben war, fiel er, von seinen Begleitern verlassen, unter den Assegaais der Zulu. So endete in einem Winkel Afrikas eine berühmte europäische Dynastie.

Der Feldzug im Jahre 1879 gegen die Zulu erwies sich für den britischen Imperialismus als eine seiner weniger ruhmreichen Episoden. Der von Transvaal auf der einen und der Kolonie Natal auf der anderen Seite ausgehende Druck führte begreiflicherweise innerhalb des Zulureichs zu Spannungen, die auch auf die in Natal ansässigen Siedler übergriffen. Diese verlangten "eine Lösung". Der Krieg wurde durch die gewaltigen, an den Zulukönig Ketschwayo gestellten Forderungen angezettelt, denn als diese Zahlungen nicht vollständig geleistet werden konnten, schickte man drei Kolonnen mit dem Auftrag aus, in Zululand einzumarschieren. Bei Isandlwana bereiteten die nur mit Speeren und Keulen bewehrten Zulu die verheerendste Niederlage, die mit Hinterladern bewaffnete Soldaten je erlitten. Auf der britischen Seite fielen ca. 800 weiße Soldaten und 470 schwarze Hilfstruppen, doch wurden den Zulu ebenfalls empfindliche Verluste zugefügt.

Mit Berechtigung zählen die Zulu zu den berühmtesten Völkern Südafrikas. Vor zwei Jahrhunderten waren sie jedoch bloß ein verhältnismäßig unbedeutender, in den Hügelketten des subtropischen, östlichen Hinterlands lebender Clan. Wahrscheinlich hätte sich an diesem Zustand nichts geändert, wenn dieser Nation nicht Schaka, ihr großer Sohn und genialer Stratege, geboren worden wäre. Innerhalb weniger als eines Jahrzehnts gelang es diesem starken, gewissenlosen und intelligenten Militaristen, aus den umliegenden Clans eine Kampftruppe zu schmieden, die in einem Blitzkrieg alles um sich her eroberte, vernichtete oder vereinigte und so entscheidend in den Lauf der afrikanischen Geschichte eingriff. Hungernde Flüchtlinge überfielen die in den Hochebenen der Drakensberge lebenden Gemeinschaften, die wiederum flohen und plünderten, um überleben zu können, so daß eine Kettenreaktion entstand, die sich im gesamten südlichen Festland auswirkte. Während dieser Schreckenszeit, die als *difaqane* (Niederschmettern) in die Geschichte einging, starben vermutlich Tausende, doch bildeten sich auch neue Völker: die Matabele unter Msilikatse, einem abtrünnigen General Schakas, sowie die Basutho, versprengte Flüchtlinge, die der findige Moschweschwe in die verhältnismäßige Sicherheit der Berge führte, und deren Nachkommen noch immer die Unabhängigkeit des bergigen Königreichs Lesotho entschlossen verteidigen.

Schaka verstarb kinderlos, aber von seinem Halbbruder Dingane an bis zum heutigen König Goodwill Zwelethini regiert seine Familie durch ihre Nachfahren über die Zulu. Doch der jetzige König ist kaum mehr als eine Galionsfigur, da Mangosutho Buthelezi als Oberminister Kwazulus die wahre politische Macht verkörpert. Buthelezi ist selbst von königlichem Geblüt, denn sein Urgroßvater war jener Ketschwayo, der die Engländer so bei Isandlwana erniedrigte.

*I*n der Nähe von Pietermaritzburg liegen die Ferienorte und Naturschutzgebiete, die sich wie eine Girlande am bergigen Grenzgebiet entlangziehen. Die Drakensberge — oft einfach "der Berg" genannt — wirken wohl in Natal am imposantesten, wo im Sommer ein saftiges Grün die Gipfel bedeckt, die in den Wintermonaten im Schnee und Eis glitzern. Zahlreiche Pfade laden zu Erkundungsfahrten zu Fuß oder hoch zu Roß ein, während die Unterkünfte von Luxushotels über gemütliche Bungalows bis zu recht spartanischen Hütten und Höhlen alles bieten.

In diesen gebirgigen Festen lebten die Buschmänner und hinterließen ihre ins Gestein gemalten Zeignisse. Wissenschaftliche Untersuchungen konnten das Alter der Felsmalereien im südlichen Afrika auf 26 000 Jahre festlegen. Unweit des im Giant's Castle-Naturschutzgebiets gelegenen Feriendorfs befinden sich Höhlen, wo man inmitten Hunderter Felsmalereien ein Freilichtmuseum der Buschmannkunst einrichtete. Die Battle Cave (Schlachthöhle) über dem nahen Injasuti River verdankt ihren Namen den Kampfszenen unter den zahlreichen Darstellungen. Hier befindet sich ein weiteres Freilichtmuseum. Da Schlachten integraler Teil der Geschichte Natals sind, gibt es sogar eine Battlefields Route im Norden

Der allgegenwärtige Windmotor (oben) knarrt auf fast allen Farmen des gewaltigen, südafrikanischen Zentralplateaus. Unregelmäßige Niederschläge und langwierige, schreckliche Dürren erschweren die Aufgabe der Landwirtschaft. Häufig spenden nur tiefe, unterirdische Gewässer dem Menschen, dem Tier und der Ernte Labung.

Sonnenblumen (*Helianthus annuus*) (links) scheinen sich im Inland bis zum Horizont zu erstrecken. Das aus den Kernen gepreßte Öl dient der Herstellung von Margarine und Speiseölen, die weltweit wegen ihres ernährungsphysiologischen Wertes die tierischen Fette verdrängen.

EINLEITUNG

der Provinz, auf die sich alljährlich zahlreiche Enthusiasten der Militaria begeben. Diese Straße schließt die Kämpfe der Voortrekker ein, von denen Blood River das bedeutendste Schlachtfeld ist, doch auch den 1879 ausgetragenen Krieg zwischen Engländern und Zulu, den von 1880-1881 zwischen Engländern und Transvaal und den Burenkrieg 1899-1902.

Während einen das Auf und Nieder der Straße von der Natalküste ins Hinterland eher an eine Achterbahn erinnert, haben die sich zu beiden Seiten friedvoll und ordentlich erstreckenden Felder wenig mit der turbulenten Vergangenheit gemein. Unglücklicherweise trügt der Schein, denn tief in Kwazulu wird der Streit, der dem Auge des flüchtigen Besuchers verborgen bleibt, noch immer fortgesetzt. Hier trägt man in Dörfern, Siedlungen und in der Landschaft Kämpfe aus, die wesentlich komplizierter sind, als die zwischen aufstrebenden, schwarzen Nationalisten und dem weißen Establishment üblichen Scharmützel. Uralte Fehden zwischen Splittergruppen der Zulu stiften hier heillose Verwirrung, doch erhitzen Armut, Arbeitslosigkeit und der makropolitische Streit zwischen der Inkatha-Freiheitspartei Buthelezis und dem African National Congress, sowie das Eingreifen oder Versagen der südafrikanischen Polizei die Gemüter noch weiter.

Im auch als Maputaland bekannten, entlegenen Nordnatal erstreckt sich eine 9 000 Quadratkilometer große Naturlandschaft im Übergangsgebiet zwischen Subtropen und Tropen. Hier befinden sich die Wildschutzgebiete Mkuzi und Ndumo, sowie der gewaltige Küstenkomplex St.Lucia, der vier verschiedene Reservate einschließt. In St. Lucia, der Heimat von Krokodilen, Flußpferden und unzähligen Wasservögeln, verbindet sich eine Platte flacher Seen mit Dünen und weißen Sandstränden.

Die Brutstätten der Unechten Karett- und der Lederschildkröte liegen an den Stränden des St.Lucia Marine-Schutzgebiets. Die Lederschildkröte, die größte der Wasserschildkröten, ist auch die stärkste und schnellste Schwimmerin der Schildkrötenfamilie, kann bis zu zwei Meter lang werden und über 500 Kilogramm wiegen. In vielen Gegenden St.Lucias gilt das Angeln als beliebtester Zeitvertreib, besonders im Sodwana Bay-Nationalpark und in der Kosibucht.

Weiter südlich stehen große Gebiete der Küstenebenen unter Zuckerrohr, das seit 1850 kommerziell angebaut wird. Um das gesamte Unternehmen rentabel zu machen, waren jedoch zahlreiche, billige Arbeitskräfte erforderlich, aber die einheimischen Zulu lehnten es ab, die schwere Feldarbeit zur Bereicherung der Weißen zu leisten. Als 1859 der Mangel an Arbeitskräften den Haushalt Natals gefährdete, beschloß die koloniale Legislative, "auf Kosten der Steuerzahler" indische Arbeiter einzuführen. Laut Vertrag, den die meisten Arbeitskräfte nicht lesen konnten, wurden sie einem Plantagenbesitzer auf drei Jahre zugeteilt, worauf eine erneute Zuteilung, eventuell an den gleichen Pflanzer, für einen Zeitraum von zwei Jahren galt. Nach zusätzlichen fünf Jahren als "freier" Arbeiter hatte jeder Inder die Wahl, die freie Rückreise in die Heimat in Anspruch zu nehmen oder in Natal zu bleiben, wo ihm ein Stückchen Land bewilligt wurde. Diejenigen, die es vorzogen, in Natal zu bleiben, mußten allerdings eine unzumutbare Kopfsteuer zahlen. Indien erholte sich damals von einer blutigen Rebellion gegen die britische Verwaltung, daher galt die Emigration als die verlockendere Alternative, auch wenn es sich bloß um Auswanderung nach Natal und die dort gezahlten Hungerlöhne handelte.

Berichte über die schlechte Behandlung und die zunehmend im Gesetz verankerte Diskriminierung führten dazu, daß die indische Regierung die Auswanderung der Arbeitskräfte 1871 unterband. Trotzdem schritt sie weiterhin fort, bis sie 1911 gänzlich untersagt wurde. Bis zu diesem Zeitpunkt waren ca. 150 000 Inder nach Natal abgewandert.

Als 1893 Gandhi, der später Mahatma oder "große Seele" heißen sollte, nach Natal kam, wurde er auf brutale Weise mit den Realitäten der im südlichen Afrika geltenden Diskriminierung bekannt. Nachdem er für eine Reise erster Klasse eine Karte gelöst hatte, wurde er aus dem Abteil geworfen und verbrachte die Nacht auf dem Bahnhof in Pietermaritzburg. Gandhi eröffnete eine Anwaltspraxis in Durban und gründete darauf den Natal Indian Congress, um eine Handhabe gegen die nicht nur in Natal, sondern auch der Republik Transvaal geltenden Gesetze zu haben, die die Ansiedlung der Inder zu verhindern suchten. Erst, nachdem sich sein persönlicher Einsatz, für den er und seine Anhänger mehrmals inhaftiert wurden, 1914 durch den Indians' Relief Act als erfolgreich erwiesen hatte, kehrte Gandhi nach Indien zurück.

Durban verfügt nicht nur über einen der wichtigsten Häfen Afrikas, es ist ein bedeutendes Industriezentrum, doch auch der beliebteste Ferienort Südafrikas, vor allem dank seines subtropischen Klimas und des warmen Indischen Ozeans. In Durban verschmilzt der Lebensstil Afrikas, Asiens und Europas auf einmalige Weise. Die von Hainetzen beschützten Badestrände ziehen sich von Addington Beach im Süden bis Country Club und Blue Lagoon an der Küste entlang hin. An den Strand grenzt die Marine Parade, und am Wochenende oder während der Saison wimmelt es hier von Besuchern, die es ins Aquarium, Delphinarium, in den Schlangenpark, auf den Jahrmarkt und die Seilbahn zieht. Der besondere Stolz des Botanischen Gartens ist das Orchideenhaus, während von den Grünanlagen vor allem Jameson-Park für seine mehr als 200

Angehende Musiker hören dem Maestro zu (links unten). Der bedeutende Jazzmusiker Abdullah Ibrahim begeistert nach jahrelangem, selbstauferlegtem Exil wieder seine hiesigen Fans.

Einleitung

Rosenarten berühmt ist. Auf der einen Seite kann der Strandbezirk, den eine augenscheinlich nicht abreißende Kette der Hotels und Appartementhäuser säumt, oft eine lebensprühende Atmosphäre verbreiten, doch entdeckt man neben den eleganten und auffallenden Gebäuden auch den heruntergekommenen Stadtteil, vor allem in der Umgebung der "Goldenen Meile", wo sich Durbans Unterwelt bei Drogen und Prostitution ein Stelldichein gibt.

Südlich von Durban entfernt sich die Nationalstraße ein wenig von der Küste und führt an üppigen, grünen Feldern vorbei, während die alte Küstenstraße sich an einer unendlich scheinenden Strandreihe entlangzieht und so den Bereich der "Ferienstadt" vergrößert. Bei Port Shepstone dringt die Nationalstraße weiter ins Hinterland vor und führt in die Nähe der malerischen Oribi Gorge (-Schlucht). Seit Millionen Jahren meißelt der Mzimkulwana River hier eine 24 Kilometer lange Klamm in die Sandsteinschichten. Im Herzen der Schlucht entstand ein ausgedehntes Naturschutzgebiet.

An der Südgrenze Natals liegt die unabhängige Republik Transkei, das Land, das vom Kap aus gesehen "jenseits des Kei" liegt. Seit Jahrhunderten lebt hier ein Zweig der Nguni, deren Sprache aus Dialekten des isiXhosa besteht und sich durch ihre zahlreichen, aus den Buschmannsprachen übernommenen Schnalzlaute auszeichnet. Mit diesen seit langem ansässigen Xhosa gerieten die vom Kap ins Inland vordringenden Siedler 1779 in Konflikt, worauf die sich ständig verschiebende Grenze der Kapkolonie 100 Jahre lang sporadische Kriege gegen die Holländer und darauf gegen die Engländer veranlaßte.

Transkei ist vorwiegend ein Agrarland, obwohl die von der Regierung geförderte "Grenzindustrie" zur Gründung einiger Unternehmen führte. Auch investierte Taiwan hier erhebliches Kapital. Vor allem aus den Löhnen der Wanderarbeiter, aus Hotels (mit den unvermeidlichen Kasinos) und Fremdenverkehr fließen dem Land weitere Einnahmen zu, während die südafrikanische Regierung ebenfalls beträchtliche Summen beisteuert.

Transkei besteht größtenteils aus graswachsenen Hügelketten, deren Kuppen häufig Gehöfte krönen. Die traditionellen Schilfhütten mußten Rundhütten aus Lehm oder Backsteinen weichen, doch auch diese werden immer stärker von rechteckigen Gebäuden verdrängt. Verschiedene große Flüsse gruben ihr tiefes Bett in die Landschaft, und an vielen Orten wurde die Erosion als unvermeidliche Folge der Bodenausbeutung zum ernsthaften Problem. Wie in vielen ländlichen Bezirken Südafrikas führten auch hier Übervölkerung, der Mangel an Entwicklungsmöglichkeiten — der sich durch die gewaltsame Repatriierung Tausender Enteigneter der "großen Apartheid" verschärfte — zur bittersten Armut.

Trotz all dieser offenen Wunden hat Transkei auch seine Annehmlichkeiten, von denen die bekannteste gewiß die wunderschöne Küstenlinie zwischen den Mündungen der Flüsse Umtamvuna und Kei ist, die sich als "Wilde Küste" besonders bei Anglern und Wanderern großer Beliebtheit erfreut. Ungefähr 18 Flüsse mit gelegentlichen Lagunen münden hier an langen Stränden, um die sich die verschiedenartigsten Ferienorte und Naturschutzgebiete bildeten.

Gelangt man von hier aus "über den Kei" ins Kapland, fällt einem die völlig veränderte Natur auf, die jetzt "Romantische Küste" heißt, wo graswachsene Hügel auf Strände und Lagunen hinabblicken. Der Reiz der Kreisstadt East London wird leider trotz ihrer abwechslungsreichen Umgebung und Sehenswürdigkeiten häufig unterschätzt.

East London befindet sich in einem südafrikanischen Korridor zwischen Transkei und einer weiteren, unabhängigen Republik, Ciskei, dem im Westen des Kei gelegenen Land. Die Grenze zieht sich an den unbegründet ausgesparten Bezirken entlang, in denen sich weiße Siedlungen befinden, wie East London selbst, Fort Beaufort, Queenstown, Stutterheim u.a. Die Hauptstadt der Ciskei, Bisho (mit Kasino), liegt nur wenige Kilometer vom (südafrikanischen) King William's Town entfernt. Das Gebiet zwischen den beiden Homelands heißt The Border (Grenze) und bildete tatsächlich viele Jahre lang die Grenze der alten Kapkolonie, die sich aber ständig nach Osten verschob. Um Hogsback und Katberg entdeckt man wahrscheinlich die malerischsten Gegenden des Hinterlands, wo Urlaubsorte auf den Besucher warten.

Abgesehen von Kriegen und Viehraub brachte das Vordringen der Europäer in dieses Gebiet jedoch auch schon verhältnismäßig früh eine mildtätige Mission. In der Nähe von Alice in Transkei wurde in den zwanziger Jahren des vorigen Jahrhunderts die "Lovedale Institution" gegründet, wo schottische Missionare das Evangelium predigten und jungen Einheimischen ein "nützliches Handwerk" beibrachten. Endlich begann man auch, die üblichen Schulfächer zu unterrichten, die schließlich auch den tertiären Bildungsbereich erforderlich machten. So kam es 1915 zur offiziellen Gründung des South African Native College am Stadtrand von Alice. Die inzwischen völlig selbständige Universität war ursprünglich der Universität Rhodes angeschlossen, und viele der hier ausgebildeten Akademiker zählen im In- und Ausland zu den angesehensten Persönlichkeiten. Die namhaftesten Absolventen sind die Führer des African National Congress, Oliver Tambo und Nelson Mandela, während Erzbischof Desmond Tutu zeitweilig als Kaplan der Universität amtierte.

Die Universität Kapstadt (oben) zählt zu den bedeutendsten Stätten der Gelehrsamkeit Südafrikas. Die wunderschöne Lage des Hauptcampus am Osthang des Devil's Peak läßt gewiß keinen Vergleich mit irgendeiner anderen Universität der Welt zu. Sogar Grundkenntnisse, wie Lesen und Schreiben (links oben), gehören zu den Problemen, die das heutige und zukünftige Erziehungs- und Ausbildungswesen bewältigen muß.

EINLEITUNG

Die Geschichte des Ursprungs der Ciskei geht auf einen Zwist innerhalb der regierenden Dynastie der Gcaleka Xhosa im 18. Jahrhundert zurück, der verursachte, daß sich eine Splittergruppe im Süden des Kei ansiedelte. Tausende Bewohner der Ciskei verdienen als Pendler ihren Unterhalt im Grenzgebiet Südafrikas, besonders in East London und King William's Town, doch tragen die noch weiter von der Heimat entfernten Wanderarbeiter ebenfalls zum Staatshaushalt bei.

Die Grenze der ehemaligen Kapkolonie blickt auf eine bewegte Vergangenheit zurück und wurde auf beiden Seiten zum umstrittenen Thema. Zynisch ließ sich die britische Regierung eine Lösung einfallen, die dem Gebiet nicht nur größere Stabilität versprach, doch vor allem die Unterhaltungskosten der englischen Garnisonen reduzieren sollte. Aus diesem Grunde förderten die englischen Behörden 1820 die Emigration von ungefähr 4 000 Siedlern aus den Britischen Inseln. Nachdem man diesen Neusiedlern Land bewilligt hatte, verlangte man ihre Selbstversorgung binnen kürzester Zeit, obwohl wenige irgendwelche landwirtschaftliche Erfahrung hatten und keiner mit den dort waltenden Bedingungen vertraut war. Diesen Anforderungen waren viele nicht gewachsen, sie zogen daher in die Städte und übten wieder ihre alten Berufe aus. Trotzdem führten die Grenzkriege dazu, daß die Einheimischen immer weiter vertrieben wurden.

Für diejenigen, die von den sogenannten 1820er Siedlern abstammen, ist Grahamstown die geistige "Heimat". Wegen seiner zahlreichen Kirchen heißt es "Stadt der Heiligen", doch befindet sich hier auch die Universität Rhodes, sowie eine Reihe renommierter Schulen. Das den 1820er Siedlern gewidmete Denkmal auf dem Gunfire Hill (Hügel) gab notwendigerweise zu verschiedenen Vergleichen mit dem Voortrekkerdenkmal Anlaß, doch besteht ein entscheidender Unterschied zwischen ihnen. Das erstere will nämlich weniger als Gedenkstätte oder Museum gelten, sondern eher als praktisches Konferenzzentrum. Der Beschluß des Trusts, schon seit vielen Jahren hier ein Nationalfest der Künste zu veranstalten, ist ebenfalls lobenswert, da somit eine reiche, starke Kultur in Südafrika entstehen kann, die alle vorherigen Schranken aufhebt.

Die britischen Siedler kamen in der sandigen Algoabucht an Land. Durch die Entwicklung der Industrie und des Handels im Inland wurde ein geschützter Hafen erforderlich, und die daraus geborenen Pläne setzte man in dieser Bucht in die Tat um, so daß sich bald die heutige Hafenstadt Port Elizabeth, die auch als Ferienort beliebt ist, hier ausbreitete.

In Knysna, das sich an einer natürlichen Lagune befindet, konnte sich dagegen kein rentabler Handelshafen entwickeln. Das Städtchen liegt in einem Gebiet des südlichen Kaplands, das wegen der Schönheit der Natur Garden Route heißt. Zwar hat man dieser Gartenstraße keine Grenzen gesteckt, doch bezieht man sich dabei im allgemeinen auf das von der Nationalstraße (N2) durchquerte Küstenplateau von Humansdorp (westlich von Port Elizabeth) bis zum Städtchen Swellendam.

An der Gartenstraße blieb ein größerer Teil des einheimischen Walds erhalten, als in anderen Gebieten des Landes. Hier können riesenhafte Gelbhölzer bis zu 60 Metern emporragen und über tausend Jahre alt werden. An der idyllischen Küstenlinie wechseln sich Riffe, lange, sandige Strände mit stillen Lagunen und befahrbaren Ästuaren ab. Im Tsitsikamma-Nationalpark stehen nicht nur die Küste und das sie umspülende Gewässer, sondern auch ein mit herrlichem, einheimischem Wald bestandenes Gelände unter Naturschutz. An der Gartenstraße vertreibt man sich mit geruhsameren Beschäftigungen die Zeit, wie Angeln, Bootfahrten auf den geschützten Kanälen des Inlands, Erkundungsfahrten in die kleineren Ortschaften, vielleicht sogar eine Fahrt mit der alten, dampfgetriebenen Schmalspurbahn. Für Wanderungen ist die Gartenstraße jedoch besonders geeignet, da man hier entweder kurze Ausflüge durch schattige Wälder oder auch anstrengendere Wanderungen unternehmen kann, die vier bis fünf Tage dauern. Der berühmteste Wanderweg, die sogenannte Otter Trail, führt an der zerklüfteten Küste vom Tsitsikamma-Natonalpark bis nach Nature's Valley.

Das am östlichen Ende der Gartenstraße gelegene Plettenberg Bay gilt weit über die Grenzen Südafrikas hinaus als Tummelplatz der Reichen. An diesem herrlichen Strand entstand 1630 zufällig die erste europäische Siedlung, als portugiesische Schiffsbrüchige gezwungen waren, hier ein Lager aufzuschlagen. Die meisten Hausbesitzer in "Plett" wohnen nur zeitweilig hier, also sind viele der herrlichen Gebäude den größten Teil des Jahres unbewohnt.

Knysna konnte zwar nicht als Hafenstadt bekannt werden, zählt jedoch zu den allerhübschesten Kleinstädten Südafrikas. Das Tor zu seiner breiten Lagune bilden zwei Klippen, die sogenannten Heads (Landspitze). Vor fast zwei Jahrhunderten wurde Knysna von einem Mann mit dem rätselhaften Namen George Rex gegründet, der angeblich aus einer morganatischen Ehe des englischen Königs Georg lll. stammen soll. Einnahmen verdankt die Stadt heutzutage der Forstwirtschaft und verwandten Industrien, sowie dem Fremdenverkehr. Ungefähr zur gleichen Zeit, als man die Goldbergwerke des Witwatersrands in Betrieb setzte, suchten und fanden Goldgräber auch Gold in den Wäldern des

EINLEITUNG

nahegelegenen Millwoods. Glücklicherweise beeinträchtigte dieses Vorkommen weder die erhabene Schönheit der Gartenstraße — denn es war bald erschöpft — noch wurde Knysna, wie man es erträumte, "der Hafen Südafrikas".

Die Umwelt der Gartenstraße ist von unermeßlicher Bedeutung, doch wird sie gerade durch ihre zunehmende Beliebtheit gefährdet, da man unentwegt neue Gebiete erschließt. Das Naturschutzgesetz (National Parks Act) sorgt bereits seit vielen Jahren für die Erhaltung großer Wald- und Küstenlandschaften, doch war die Seenplatte zwischen Knysna und dem im Westen gelegenen, größeren George bis vor kurzem von dieser Gesetzgebung ausgeschlossen. Im Salz- und Frischwasser dieser Platte kann das Gleichgewicht der aufeinander abgestimmten Tiere und Pflanzen besonders leicht gestört werden. Glücklicherweise sind diese Ökosysteme inzwischen zwei Schutzgebieten angeschlossen, nämlich dem Wilderness-Nationalpark und Knysna National Lakes Area (Seenplatte).

Hinter George liegt im Westen Mossel Bay, wo 1488 portugiesische Seefahrer erstmals südafrikanischen Boden betraten. Heute befindet sich hier ein Fischereihafen und die Zentrale der off-shore arbeitenden Erdölbohranlagen. Von hier und von George aus führen malerische Bergstraßen über die Outeniquaberge in die landeinwärts gelegene Langkloof, eine lange, schmale Ebene der Kleinen Karru, die im Norden von den stolzen Swartbergen begrenzt wird. Das Gebiet um Oudtshoorn ist vor allem wegen der Strauße berühmt, deren erstklassige Federn ehemals nach Gold, Wolle und Diamanten das bedeutendste Ausfuhrgut des Landes waren und manch einem zu großem Reichtum verhalfen. Anfang 1914 brach der Markt zusammen, aber mehrere der vornehmen "Straußenpaläste" blieben erhalten, auch sind einige Farmen der Umgebung auf Besucher eingerichtet. Oudtshoorn ist ebenfalls wegen der Kango-Tropfsteinhöhlen bekannt, einer Reihe miteinander verbundener Kalksteinhöhlen, die angeblich die größten der Welt sein sollen.

Das Aushängeschild von Greyton Lodge (links) in den Riviersonderendbergen des südwestlichen Kaplands. Wie in vielen anderen ländlichen Gasthöfen verbinden sich hier eine vorzügliche Küche und erstklassige Unterkünfte mit dem Frieden und der Stille eines idyllischen Refugiums.

Die Wildblumen Namaqualands (unten) bedecken einige Frühlingswochen lang nach gutem Winterregen die Landschaft mit ihrem bunten Blütenteppich.

Jenseits der Swartberge dehnt sich die gewaltige, aride Ebene der Großen Karru aus, deren Name in der Sprache der untergegangenen Khoikhoi "trocken" oder "öde" bedeutet. Die Große Karru erstreckt sich ca. 400 000 Quadratkilometer weit über das Kapland und einen Teil des Oranjefreistaats, d.h. sie bedeckt ungefähr ein Drittel der Gesamtfläche Südafrikas. Geringe Niederschläge, sengende Sommerhitze und eiskalte Winternächte kennzeichnen dieses unendliche Gebiet. Ironischerweise führen die erhofften Niederschläge häufig zu Überschwemmungen, und eine solche Sintflut zerstörte 1981 das Städtchen Laingsburg fast gänzlich. Die Vegetation besteht beinahe ausschließlich aus widerstandsfähigen Sukkulenten, die dank ihrer dicken, fleischigen Blätter Wasser speichern und daher hier gedeihen können. Einigen Gegenden ist jedoch wenige Wochen lang im Frühling eine Blütenpracht beschert, doch auch nur nach dem entsprechenden Winterregen. Die gewöhnlich trostlose Landschaft mit einem bunten, kurzlebigen Blütenteppich bedeckt zu sehen, ist ein unvergeßliches Erlebnis. Die Karru eignet sich vor allem zur Schafzucht, und die verstreuten, zahlreichen Dörfer (auf Afrikaans "dorp", auch Kleinstadt) sorgen für die Bedürfnisse der hier lebenden Gemeinschaften.

Obwohl die Große Karru auf den Besucher, der im Auto (oder vielleicht sogar im luxuriösen Blue Train, im "Blauen Zug", der laut- und mühelos die Strecke Johannesburg- Kapstadt bewältigt) durch sie hindurchfährt, ausgesprochen trostlos wirkt, vermag sie doch auch Leben zu erhalten. Vor Urzeiten befand sich hier ein sumpfiger Wald, während unzählige Fossilien die Anwesenheit großer und kleiner Dinosaurier, sowie die der späteren säugetierartigen Reptilien bestätigen. In neuerer Zeit lebten hier u.a. Springbockherden, Kap-Bergzebras, Hartebeests und Oryxantilopen, doch wurden sie entweder mit dem Gewehr ausgerottet oder waren der Konkurrenz der Schafherden nicht gewachsen.

Wie eine riesige Zunge schiebt sich der Kalahari-Gemsbok-Nationalpark im fernen Norden zwischen Namibia und Botswana. Seine 960 000 ha entsprechen ungefähr der Hälfte des Krüger- Nationalparks. Hier entdeckt man nicht nur die Oryxantilope ("gemsbok") mit ihren säbelartigen Hörnern, sondern auch Löwen, Geparden, Leoparden, Elenantilopen, verschiedene kleinere Antilopen, sowie bis zu 200 Vogelarten. In der Nähe befindet sich auch die Diamantenstadt Kimberley, deren Big Hole (Großes Loch) noch stets die größte, tiefste, nur von Menschenhand geschaffene Ausschachtung der Welt ist. Mehr als 43 Jahre lang schufteten Männer hier, um ungefähr 25 Millionen Tonnen Erde zu entfernen, die drei Tonnen Diamanten ergab. Bis dahin war die ursprüngliche Colesberg-Kuppe verschwunden, doch trat an ihre Stelle ein 365 Meter tiefes Loch mit einem Durchmesser von ca. 460 Metern. Nicht weit vom Rand dieses stillgelegten Bergwerks befindet sich ein Freilichtbergbaumuseum, in dem das alte Kimberley neu ersteht.

In der Nähe von Kimberley entdeckte man in den Seifen am Vaal River zahlreiche Diamanten, die auch jetzt noch dort abgebaut werden. Südwestlich von Kimberley mündet der Vaal in den Oranje, der seinen Namen nicht etwa seiner Farbe, sondern dem niederländischen Königshaus verdankt. Viele nennen den Oranje "Grootrivier", d.h. großer Fluß, der auf seiner Reise nach Westen eine aride Landschaft durchquert. Seine Zähigkeit zeigt sich am deutlichsten in der Nähe von

EINLEITUNG

Augrabies, wo sein in den Granit gemeißeltes Bett dem trockenen Ufergebiet auch nicht das kleinste bißchen Naß spendet. Hier stürzt der Fluß über eine Gesteinsstufe jäh 56 Meter in einen geheimnisvollen Teich, der 130 Meter tief sein soll. Der Wasserfall gilt als Wahrzeichen des Augrabies- Falls-Nationalparks, in dem man auch die teilweise 250 Meter tiefen Granitschluchten bewundern kann, die der Fluß über eine Strecke von 15 Kilometern ins Gestein gefressen hat.

Später bildet der Lauf des Oranje die Grenze zwischen Südafrika und Namibia, bis er die kalte Atlantikküste erreicht, an deren Strand riesige Maschinen zur Gewinnung der Schwemmdiamanten den Sand bis auf das Muttergestein abräumen. An seinem Südufer erstreckt sich das erbärmlich trockene, bergige Richtersveld.

In Steinkopf kann man immer noch die uralte, traditionelle Bauweise der Namahütten bewundern, auch wenn diese im Gegensatz zu dem früheren Schilf heutzutage mit Sackleinen bedeckt sind. Das Gebiet Namaqualands, das für seine alljährliche, nur wenige Frühlingswochen dauernde Verwandlung in ein Blütenmeer berühmt ist, hat hier seine Ausläufer. Während des restlichen Jahres findet man eine aride, sandige Einöde vor, in der nur die Granitbrocken infolge der durchgeschlagenen Kupfersalze zu grünen scheinen.

An der Namaqualandküste, wo nächtliche Nebelschleier vom Meer ins Inland schweben und der widerstandsfähigen Vegetation ein wenig Feuchtigkeit spenden, entstanden kleine Fischerdörfer. Wenn die Boote hinausfahren, befinden sich nicht nur Netze an Bord, denn auf vielen Booten stehen Taucher mit Saugrohren bereit, um die auf dem Meeresboden verstreuten Diamanten zu fördern.

Auch von Dörfern an der geschwungenen Kurve der St. Helena-Bay gehen Boote aufs Meer hinaus, von Paternoster, wo das Leuchtfeuer von Kap Columbine vor trügerischen Riffen warnt, sowie von Saldanha-Bay am Eingang der flachen, wunderschönen Langebaan-Lagune. Angeblich sollte die im 17. Jahrhundert an der Tafelbucht gegründete Siedlung der Holländer am Strand dieses geschützten Hafens stehen, doch ließ sich in Saldanha keine zuverlässige Frischwasserquelle entdecken. Eisenerz aus dem fernen, trockenen Sishen wird auf gewaltigen Bulkfrachtern von hier verschifft. Einst hallte das Kanonenfeuer britischer und holländischer Kriegsschiffe über die Bucht, die wiederum in den 1860er Jahren der eleganten "Alabama" Schutz bot, einem Handelszerstörer der Konföderierten Staaten, der es auf die Yankees abgesehen hatte. Heutzutage ist jedoch alles friedlich, und die Langebaan-Lagune liegt im Herzen des West Coast-Nationalparks.

1652 wurde eine holländische Siedlung an der Tafelbucht gegründet, die den Auftrag hatte, die Flotte der Holländisch-Ostindischen Kompanie auf ihrer Reise zwischen Europa und dem Osten mit frischem Obst, Gemüse und Fleisch zu versorgen. Vieh erhielt man anfänglich im Tauschhandel von den einheimischen Khoikhoi, die von den Europäern Hottentotten genannt wurden. Diese neuen Beziehungen zerstörten die von altersher üblichen Gebräuche und als obendrein Krankheiten, wie Pocken, eingeschleppt wurden, ließ der Untergang der Khoikhoi nicht lange auf sich warten.

Während die Lebenskraft der Khoikhoi schwand, entwickelte sich die neue, weiße Siedlung, wenn auch zuerst recht langsam und unsicher. Der Garten, der die Seeleute mit Obst versorgte, besteht immer noch im Herzen Kapstadts, allerdings als botanischer Garten, auch seinen Namen, Kompaniegarten, behielt er. Die alte Festung "Castle of Good Hope" aus den achtziger Jahren des siebzehnten Jahrhunderts ist zwar nominell immer noch Hauptquartier der Armee, birgt aber auch Militaria und kulturell bedeutende Ausstellungsstücke. In jüngster Zeit verbanden sich hier archäologische Ausgrabungen mit Restaurationen. Dem Meer, das einst die Bastionen der Festung umspülte, gewann man Land ab, auf dem sich heutzutage die Foreshore (Vorland), sowie die um die Mitte des 19. Jahrhunderts entstandenen Victoria-und-Alfred-Hafenanlagen ausbreiten. Während Kutter und Schlepper geschäftig ein- und auslaufen, erholen Besucher sich hier am Wasser in Bars und Restaurants oder erkunden alle Winkel des "richtigen" Hafenbetriebs und das Schiffahrtsmuseum mit seinen zwei ausgestellten Schiffen. Pläne zur Erweiterung des Projekts liegen vor, da sich mit der Wiedervereinigung von Stadt und Meer die Hoffnung verbindet, Kapstadt abermals als "Kehrwiederhöft der Weltmeere" erstehen zu lassen.

Trotz seiner herrlichen, eindrucksvollen Umgebung und seiner Lage vor dem Steilhang des Tafelbergs sprechen doch unpassende Gebäude und Straßen dafür, daß Kapstadt oft mit seinem Erbe recht verschwenderisch umgegangen ist. Die Bewohner der Stadt protestierten heftig gegen die Bergstation der Drahtseilbahn, doch nachdem sie 1929 eröffnet wurde, erwies sie sich als beliebteste Freizeiteinrichtung. Vom Gipfel hat man einen gewiß unübertroffenen Blick auf das bergige Rückgrat der Halbinsel im Süden und die Westküste Afrikas jenseits der geschwungenen Kurve der Tafelbucht, in deren Schutz die flache Robbeninsel (Robben Island) liegt. Im Laufe ihrer traurigen Geschichte diente die Insel als Gefängnis, Lepakolonie und Nervenklinik, als Festung und abermals als Gefängnis. Der Name Robben Island ist in der ganzen Welt berüchtigt, weil Nelson Mandela und viele seiner Kollegen dort eine so lange Freiheitsstrafe verbüßten. Die Insel wird der

EINLEITUNG

langsamen und schmerzlichen Emanzipation Südafrikas immer ein Mahnmal sein, doch jetzt, wo sie bald als Gefangenenlager ausgedient hat, besteht die Möglichkeit, daß man hier stattdessen ein Naturschutzgebiet proklamiert.

Ein Stadtteil Kapstadts, der sich im Laufe der vergangenen eineinhalb Jahrhunderte kaum verändert hat, ist das am Hang des Signal Hill gelegene Bo-Kaap. Hier wohnen von altersher die Kap-Muslims, die fälschlicherweise häufig als Kap-Malaien bezeichnet werden, ebenso falsch ist der Begriff "Malaienviertel" statt Bo-Kaap. Der Islam verbindet diese Muslims, die größtenteils von Sklaven und freien Schwarzen abstammen. Als die Siedlung am Kap noch in den Kinderschuhen steckte, führte man diese Arbeitskräfte bereits aus Indien und Ostindien ein. Außerdem verbannten die Holländer zahlreiche Gelehrte oder Männer von edler Geburt, die sich im Osten gegen sie empörten, an das Kap, wo ihre Nachfahren noch heute leben. Moscheen verraten hier den östlichen Einfluß, während Häuschen mit eleganter, georgianischer Fassade die schmalen, gepflasterten Gassen säumen. Viele der Gebäude ziert noch immer eine "Stoep" oder Veranda, an der man den auf Geselligkeit eingestellten, traditionellen Baustil des Kaps erkennt.

Die Entwicklung des Kolonialstils erkennt man an verschiedenen ehrwürdigen Gebäuden der Stadt. In der Strand Street steht das Koopmans-de-Wet-Haus, ein Wohnhaus aus dem 18. Jahrhundert, sowie der aus der gleichen Zeit stammende Gebäudekomplex der evangelisch-lutherischen Gemeinde. Aus dem alten Sklavenquartier wurde das Kulturhistorische Museum, dessen Fassade zur Parliament Street gewiß den britischen Löwen und das Einhorn in der traurigsten Verfassung darstellt, die je ein Wappentier ereilte. Unter strengerer Aufsicht ließ derselbe Bildhauer dem Wappen über dem alten Zollgebäude in der Buitenkant, die ehemals die Stadtgrenze bildete, die entsprechende Würde angedeihen.

Bereits zu Anfang der Besiedlung entstand in Kapstadt ein neuer Menschenschlag, den man "Cape coloured" (Farbige) nannte, weil er Liebesverhältnissen und Ehen zwischen weißen Siedlern und Sklaven oder zwischen Siedlern und Einheimischen entstammte. Im Zeitalter der Apartheid wurden derartige sexuelle Beziehungen als Verbrechen bestraft, während auch Ehen zwischen Weißen und "Nicht-Europäern" verboten waren. Weitere Gesetze schrieben vor, wo die verschiedenen Rassen zu wohnen hatten, daher wurden zahlreiche Gemeinschaften — fast alles "Nicht-Europäer" — entwurzelt. Diese Vorgängen hinterließen in Kapstadt einen Schandfleck, der sich nicht verleugnen läßt.

Auf dem großen, wenig bebauten Gelände in der Nähe des Stadtkerns drängten sich einst übervölkerte, baufällige, viktorianische Häuser und schmale Bürgersteige aneinander. In diesem heruntergekommenen Stadtteil, der District Six hieß, wohnten hauptsächlich "Farbige". Nachdem die Regierung hier einen "weißen" Stadtteil proklamiert hatte, wurden die langjährigen Bewohner des Bezirks gegen ihren Willen in triste, in der ausgedehnten, windigen Kap-Ebene gelegene Wohnungen umgesiedelt. Die alten Häuser riß man ab, und verwischte alle Spuren der berühmtesten Straße des Bezirks, Hanover Street, indem man eine neue, breite, nüchterne Straße anlegte, die mit noch weniger Berechtigung Keisergracht heißt. Ein großer Teil der abgeräumten Grundstücke sollte verkauft werden, doch fanden sich bei dieser Schande und dem Stigma wenige Käufer. Jetzt wartet man gespannt darauf, daß District Six in einem neuen, von Rassenschranken befreiten Südafrika saniert wird. Aus der Luft erkennt man in dem eingeebneten Gebiet noch immer schattenhaft die Umrisse der Straßen und Gassen, doch die Menschen, die sie einst belebten, sind verschwunden. Die bauliche Neugestaltung setzte bereits durch den modernen Komplex des Cape Technicons ein, der sich zur Stadt hin auszubreiten beginnt.

Ein Rundflug, besonders mit dem am Hafen für Besucher bereitstehenden Hubschrauber, bietet einen vorzüglichen Gesamteindruck von der Landschaft, sowie teilweise auch den Problemen der Halbinsel. Fliegt man von der Tafelbucht an der Atlantikküste entlang, entdeckt man die weltstädtisch anmutende, übervölkerte, hochaufragende Vorstadt Sea Point, die sich wie Bantry Bay, Clifton und andere Küstenvorstädte an Strand und Berghang schmiegt. In einer tieferen Einbuchtung liegt Hout Bay mit seinem hübschen Hafen, in dem Fischer- und Vergnügungsboote liegen. Hier beginnt auch der Chapman's Peak Drive, eine der malerischsten Küstenstraßen der Welt.

Im Süden der Halbinsel befindet sich das Cape of Good Hope-Naturschutzgebiet mit der Kapspitze, die Sir Francis Drake 1580 als "das lieblichste Kap des gesamten Erdenrunds" bezeichnete. Die Behauptung, an der Kapspitze träfe der kalte Atlantische den warmen Indischen Ozean, beruht eher auf volkstümlichen Vorstellungen als auf wissenschaftlichen Daten.

Wenn man an der False Bay (Falsche Bucht) entlangfliegt, begreift man erneut, wie stark Meer und Gebirge die Besiedlung der Küste vom Kriegshafen Simon's Town bis nach Fish Hoek beeinflußt haben. Von Fish Hoek aus erstreckt sich eine flache Sandebene, die in prähistorischen Zeiten das Meer bedeckte, so daß sich aus der heutigen, südlichen Halbinsel eine Insel bildete. Auch von Fish Hoek bis Muizenberg drängen sich Gebäude zwischen Strand und Gebirge.

Nach einem kleinen Umweg über die landwärts brandenden, langen Roller entdeckt man mit Erstaunen eine gewaltige, wachsende Siedlung, die aus dem weißen Dünensand geschossen ist. Wenige haben wohl je eine solche Siedlung

Zwei Teilnehmer des Nationalfests der Künste (links oben), das alljährlich in der Universitätsstadt Grahamstown in der östlichen Kapprovinz stattfindet. Hier haben angehende und etablierte Künstler die gleiche Möglichkeit, ihr Können auf dem Gebiet der bildenden oder der darstellenden Kunst unter Beweis zu stellen.

Brenda Fassie (oben), einer der bedeutendsten Rockstars des Landes, bringt den Rhythmus voll heraus.

Beim Karneval (links unten). Am 2. Januar feiern die in bunte Seide und Satin gekleideten Minstrels alljährlich lautstark und lustig in den Straßen Kapstadts den Jahresbeginn.

23

Einleitung

aus Karton und Plastikfolie, Sackleinen und Zeitungspapier, Alteisen oder anderem, als Sonnen-, Wind- und Regenschutz geeignetem Material gesehen. Hier leben die Heimatlosen — offiziell "Squatter" — die die Armut der ländlichen Bezirke gegen die Hoffnung eines besseren Lebens in der Stadt tauschten. In anderen Gegenden Südafrikas fällt einem die Übervölkerung und der Mangel an irgendwelchen Annehmlichkeiten vielleicht nicht so auf, aber hier am Kap, wo die Bevölkerungszunahme wie im Ballungsgebiet Durban zu den weltweit höchsten gehört, hat man sie ständig vor Augen, vor allem jedoch diejenigen, die oft Flugreisen unternehmen, denn der Anflugweg in eine der zweifellos schönsten Städte der Welt führt direkt über diese trostlosen Gebiete. Obwohl die inzwischen abgeschafften Apartheidsgesetze den hiesigen Zustand verschlimmerten, sind diese traurigen Siedlungen nicht auf Südafrika beschränkt, sondern kommen in allen Entwicklungsländern der südlichen Halbkugel vor. Den einzigen Ausweg aus dieser hoffnungslosen Situation bieten Schulung, Ausbildung und eine anhaltende wirtschaftliche Entwicklung.

Fliegt man zurück und dreht landeinwärts, liegen die Weinberge Constantias bald unter einem. Hier säumen Eichen die nach Groot Constantia führenden Alleen, einem alten Weingut, dessen vornehmes, giebelgeschmücktes Herrenhaus wie viele andere hier an die Eleganz und die Privilegien des 18. Jahrhunderts erinnern. Das moderne Pendant entdeckt man in den Vorstädten Constantia und Bishopscourt, die sich um das herrliche Kirstenbosch erstrecken.

Die Städte Stellenbosch, Paarl und Franschhoek im Herzen der Weinbaugebiete liegen am Fuße hoher, zerklüfteter Berge. Innerhalb einer knappen Stunde sind sie alle von Kapstadt aus zu erreichen. In Südafrika erfreuen sich Weinbau und Weinbereitung einer langen Tradition, doch seitdem sie in den 1650er Jahren in den Kinderschuhen steckten, machte man in bezug auf die Qualität erhebliche Fortschritte, so daß südafrikanische Weine auf anerkannten Weinproben in vielen Teilen der Welt bereits hohe Auszeichnungen erhielten.

Stellenbosch, die zweitälteste weiße Siedlung des Landes, wurde vom Kommandanten Simon van der Stel 1679 zu landwirtschaftlichen Zwecken gegründet. Doch entwickelte sich hier bald eine Ortschaft, deren besondere Atmosphäre das "Dorfmuseum" einfängt. Van der Stel, der die Siedler aufforderte, Eichen zu pflanzen, wäre gewiß mit dem heutigen Städtchen zufrieden, da in den von Eichen gesäumten Straßen reizende alte Häuser stehen.

Das nahegelegene Paarl (die Perle) verdankt seinen Namen einem Forschungsreisenden, der an einem frühen Morgen den über der Ortschaft thronenden Granitkegel von weitem im Tau glänzen sah und ihn "den Berg aus Diamanten und Perlen" nannte. In der langen Hauptstraße Paarls verspürt man nicht nur den Reiz einer verflossenen Zeit, denn hier erstrecken sich Weinberge bis an den Straßenrand, während geschäftige alte Weingüter mitten in den Wohngebieten liegen.

Franschhoek wurde nach den Hugenotten benannt, die 1688 hierher flohen. Obwohl man bei den Neusiedlern eine gewisse Erfahrung in der Wein- und Weinbrandbereitung voraussetzte, zeigte sich, daß nur wenige über dieses Wissen verfügten. Im Hugenottenmuseum in Franschhoek bewahrt man neben Ausstellungsstücken auch ausführliche Ahnentafeln auf. An die Hugenotten erinnern auch Namen der Güter wie Champagne, La Provence und La Dauphine, doch ebenfalls viele Familiennamen, die teilweise abgewandelt wurden.

Auf vielen der Weingüter blieben die stolzen Herrenhäuser erhalten, die sich vor der Kulisse der Weingärten, Eichen und Berge erheben. Am Kap hatte sich früh ein eigener, stark vom holländischen beeinflußter Baustil entwickelt, an dem auch Barock und Rokoko nicht spurlos vorübergingen. Bei der für diese Architektur typischen Fassade gruppieren sich die Fenster symmetrisch um die in der Mitte angebrachte Tür, während ein reich verzierter Giebel das Dach krönt.

Beim Betrachten der kühlen Schönheit der weißen Mauern und des goldfarbenen Strohdachs sind sich wenige der Tatsache bewußt, daß diese zeitlosen Denkmäler wahrscheinlich größtenteils der Geschicklichkeit und Arbeitskraft der Sklaven zu verdanken sind. Durch ihre Leistungen konnten sie vielleicht die Fesseln ihres Alltags sprengen. Während die ungerechte, alte Gesellschaftsordnung in Südafrika ausklingt, bleibt hoffentlich das Gute und Schöne erhalten.

Es muß sogar erhalten bleiben, wenn nicht unbedingt aus ästhetischen oder sentimentalen Gründen, dann wenigstens aus einem gewissen Profitstreben heraus, denn in der überragenden Schönheit der Landschaft, des Wilds, der vielfältigen Flora, der Geschichte des Landes und seiner allgemeinen kulturellen Leistung liegt der zukünftige Erfolg Südafrikas als Treffpunkt der Besucher aus aller Welt.

Eine Lichtung (rechts) hoch oben in der Magoebaskloof im nordöstlichen Transvaal.

Ein Wanderer (unten) stapft unermüdlich bei Injasuti durch die Drakensberge Natals.

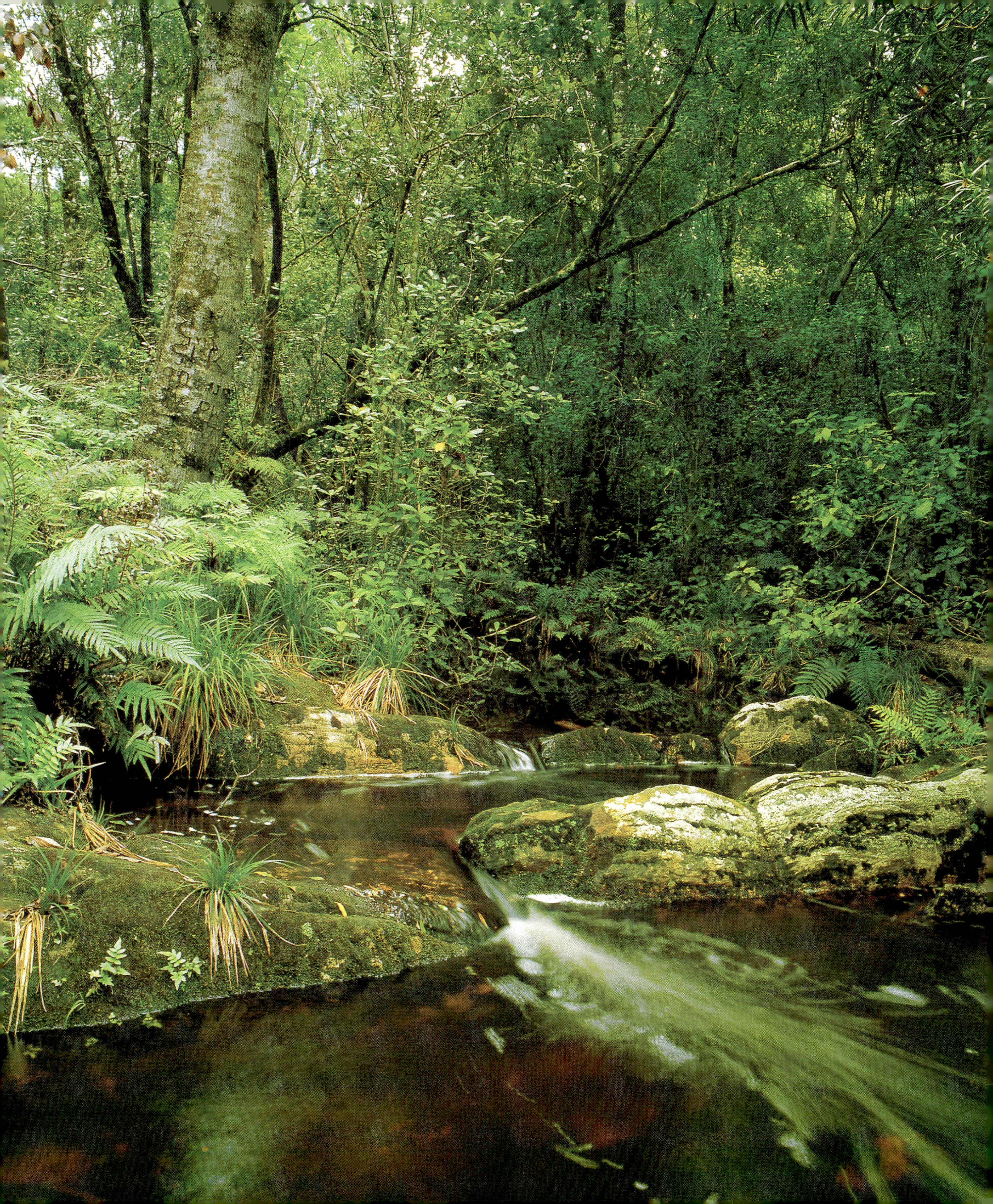

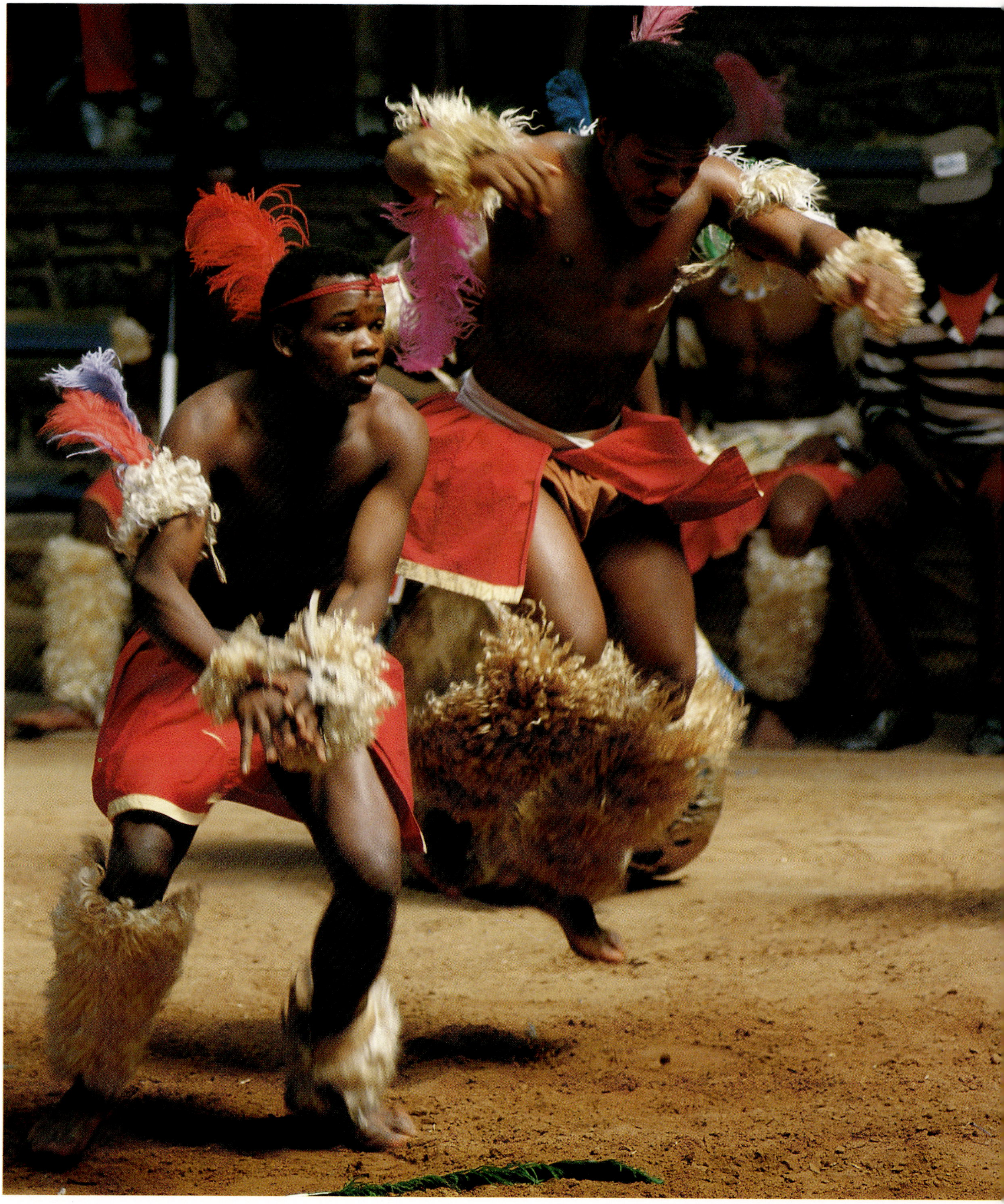

Goldrausch

DAS HIGHVELD TRANSVAALS bedeckten einst ausgedehnte Grasfluren ("veld"), die von vereinzelten Bäumen durchsetzt waren. Nachdem in den 1880er Jahren Gold entdeckt und abgebaut wurde, verwandelte sich die Landschaft für immer. Das erkennt man am deutlichsten an der Ausdehnung der städtischen Gebiete, die sich keilförmig fast ununterbrochen von Pretoria im Norden bis zum Witwatersrand (mit Johannesburg und Soweto) und weiter bis zu den Städten des Ostrands, wie Benoni, Boksburg und Springs erstrecken. Mit Vereeniging bildet das Ballungsgebiet, in dem über vier Millionen Menschen leben und arbeiten, das Wirtschafts- und Industriezentrum des Landes, das kurz PWV (Pretoria, Witwatersrand, Vereeniging) heißt.

Jenseits der städtischen Randgebiete beherrschen neben Farmen und kleineren Landstädtchen die Fördertürme der Bergwerksbetriebe sowie riesige Kraftwerke das Landschaftsbild, während Fabriken durch Emissionen die Luft verschmutzen. Hier und da zeigt die Natur noch einen schwachen Lebenswillen, beispielsweise in den Magaliesbergen im Westen Pretorias, im Pilanesberg-Nationalpark bei Sun City und in anderen bedeutenden Zufluchtstätten.

Ihre traditionellen Tänze (links) bieten den Bergarbeitern einen wichtigen Ausgleich, und in Johannesburgs Gold Reef City erleben Besucher diese heißen Rhythmen sowie die Geschichte der Stadt.

GOLDRAUSCH

Die verschiedenen Gesichter Johannesburgs zeigen sich besonders im Finanzzentrum der Stadt, wo "Diagonal Street 11" (rechts) auf die wenigen älteren Gebäude und vollgestopften Läden blickt (unten), die mit ihren auf dem Bürgersteig ausgestellten Waren Käufer werben.

Exklusive Einkaufszentren gibt es zwar in allen südafrikanischen Großstädten, doch haben die der nördlichen Vorstädte Johannesburgs den Vorrang. Im riesigen Sandton City (links) befinden sich Supermärkte, Kaufhäuser, Kinos, Boutiquen und andere Spezialgeschäfte, sowie ein Fünf-Sterne-Hotel unter einem Dach.

Die Silhouette der Stadtmitte Johannesburgs (umseitig) hebt sich gegen den Abendhimmel ab.

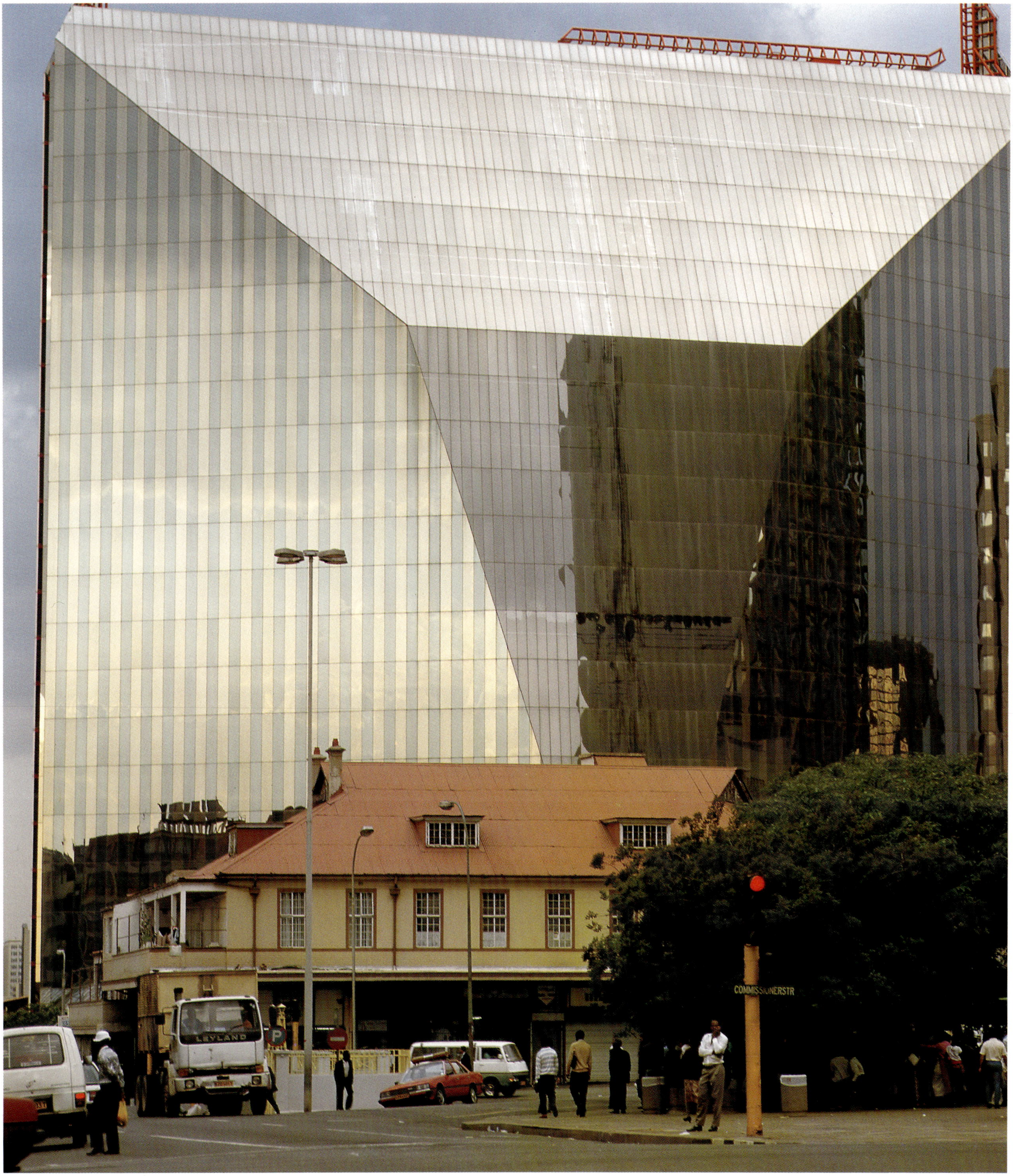
LEYLAND
COMMISSIONERSTR
P

GOLDRAUSCH

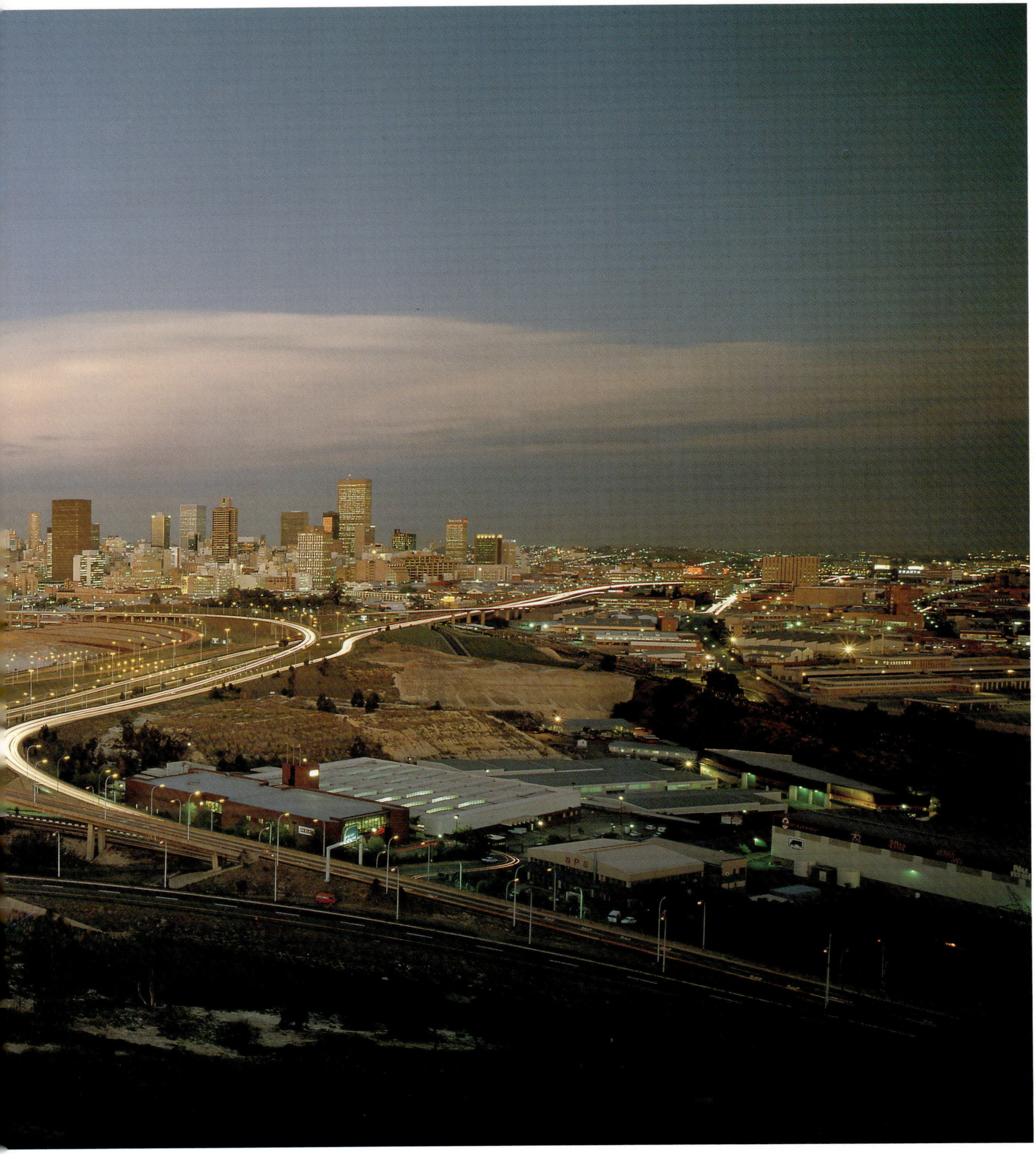

GOLDRAUSCH

Der weitaus populärste Publikumssport Südafrikas ist das Fußballspiel, das unter den Schwarzen die meisten Fans hat. Nur wenige Sportler konnten im Ausland als Profis unterkommen, daher fehlen den hiesigen Spielern aller Sportarten die Länderspiele zur Entwicklung ihres Talents. Bei erstklassigen Klubs wie Kaiser Chiefs (gelb) und Hellenic (blau) wie oben ist das Stadion zum Bersten voll.

Zuschauer beim Rugbyspiel in Johannesburgs Ellis-Park-Stadion (rechts). Das Spiel erfreut sich unter der weißen Bevölkerung großer Beliebtheit, doch konnte das Land seit 1980, als eine englische Mannschaft hier weilte, an keinem Länderspiel mehr teilnehmen. Zwar scheinen die Tage des Sportmoratoriums gezählt zu sein, doch dauert es gewiß noch eine Weile, bis die "Springböcke" wieder zur Spitzenklasse gehören.

32

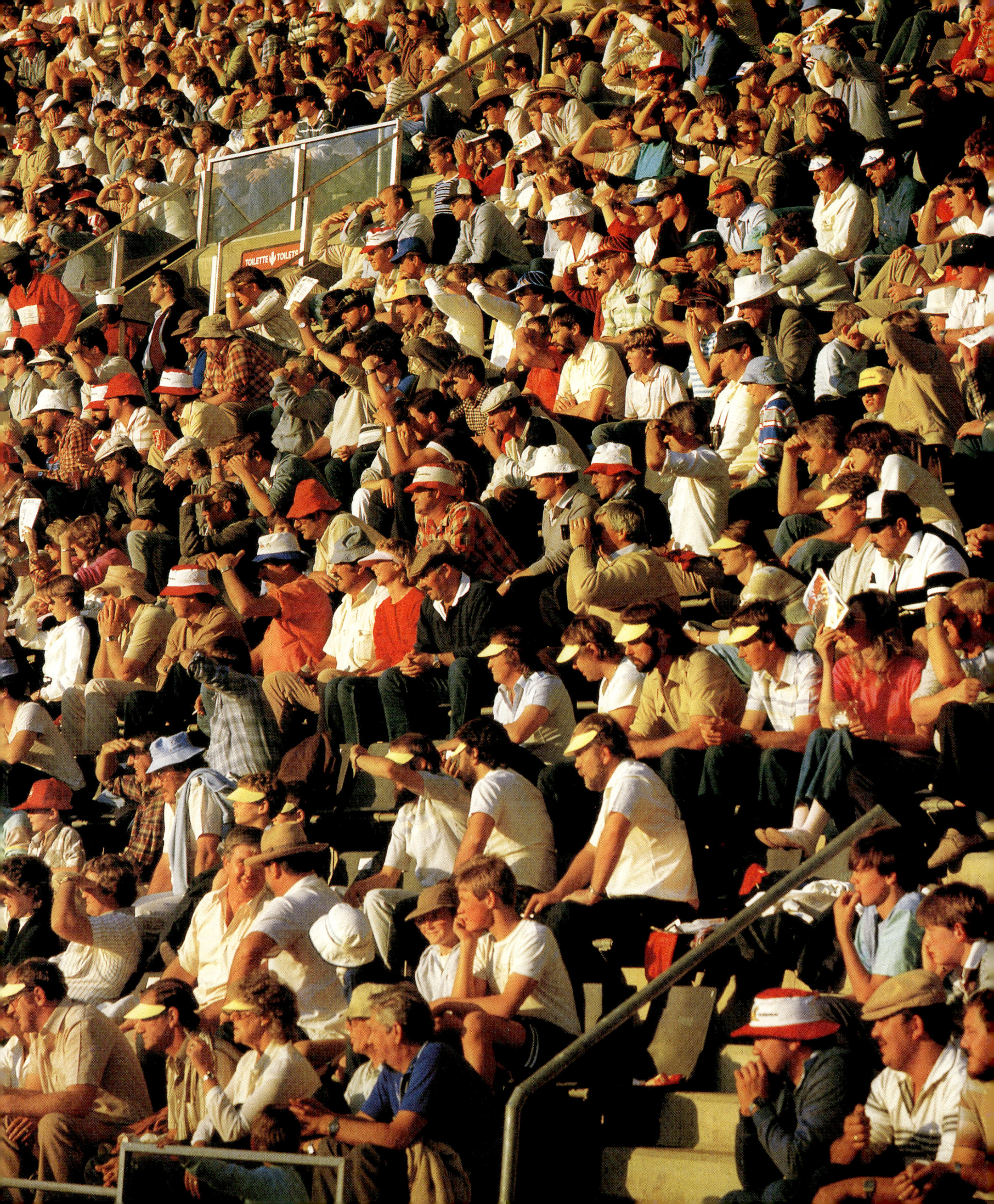
TOILETTE TOILETS

GOLDRAUSCH

Der Name "Soweto" ist weltweit berüchtigt, da er zum Symbol der überall verdammten, von der weißen Regierung vertretenen Apartheidspolitik mit brutal durchgesetzter Rassentrennung wurde. In dem riesigen, wuchernden Soweto wohnen bis zu zwei Millionen Menschen. Zwar fallen einem auf der einen Seite elegante Luxuswohnungen, auf der anderen die erbärmlichen Hütten der Elendsviertel auf, die meisten leben aber in Reihen trister "Streichholzschachteln" (rechts).

Dolobran, ein Prachtbau im Kolonialstil (oben) steht stolz auf dem Parktown Ridge. Derartige Gebäude erstellten die "Randlords", die Finanz- und Industriemoguln, früher am Witwatersrand. Wenn einen der Kommunikationsturm am Horizont nicht an den Großstadttrubel südlich des Bergrückens erinnern würde, könnte man sich in dieser bewaldeten Umgebung auf einem Landgut wähnen.

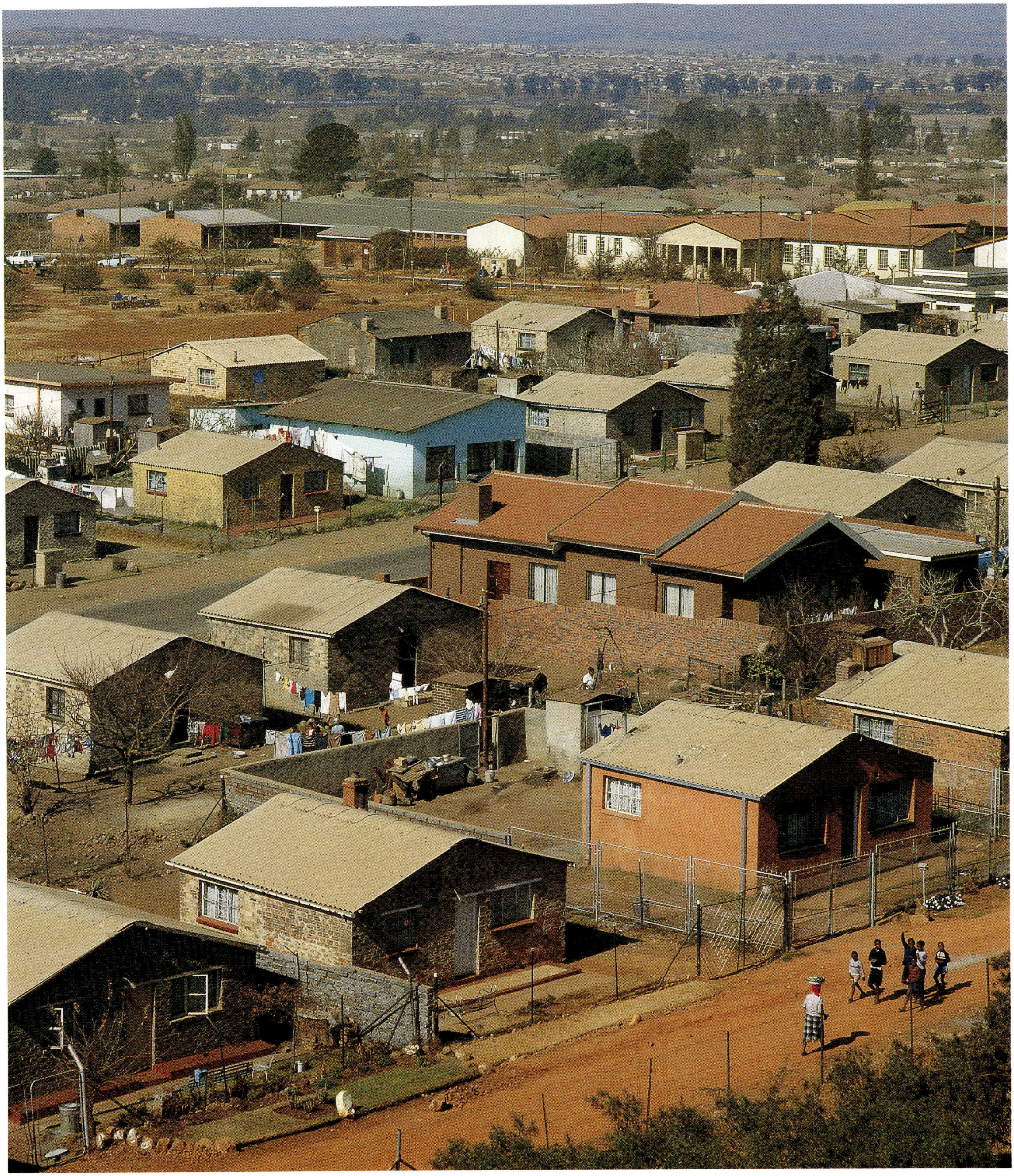

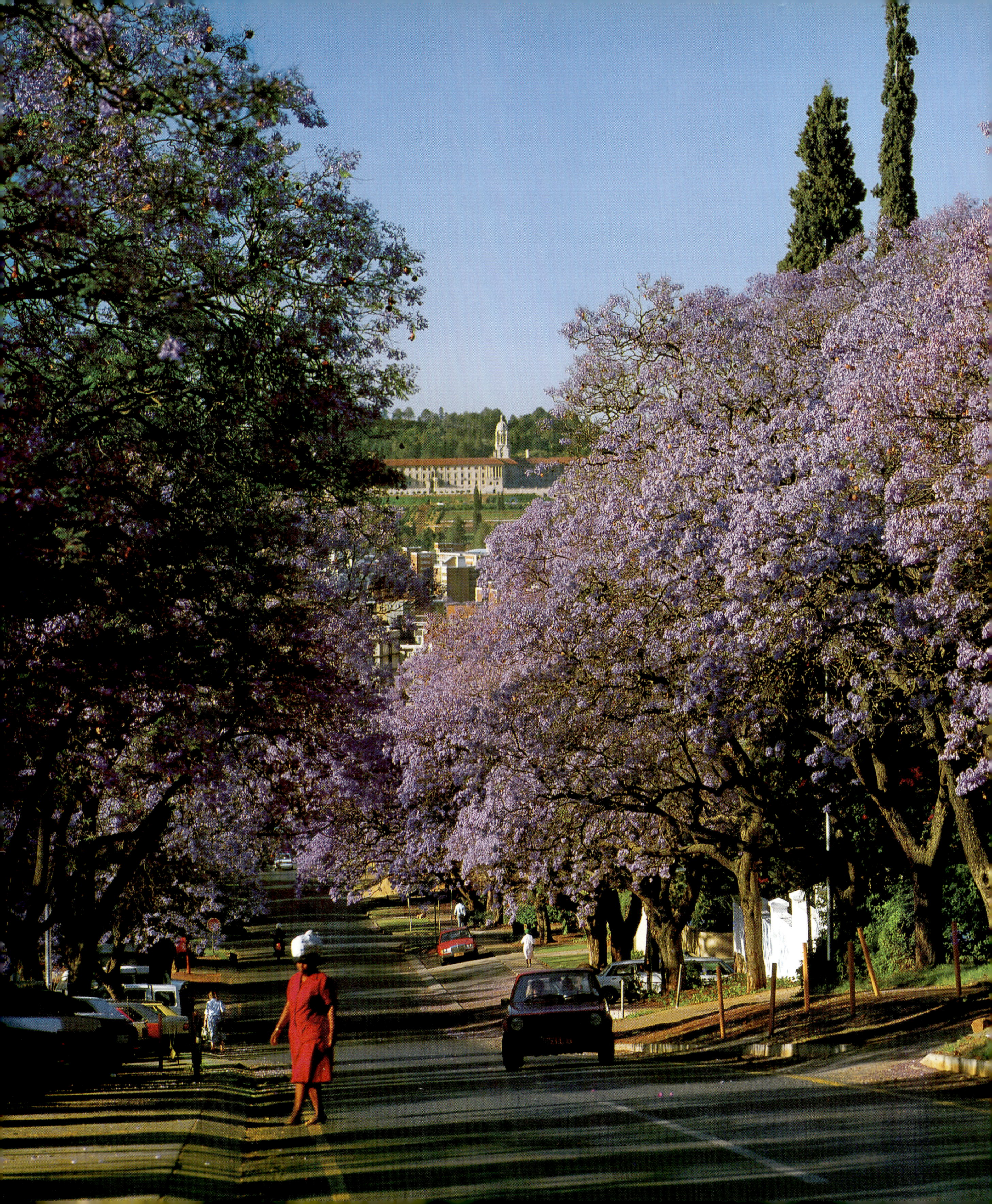

GOLDRAUSCH

Die purpurnen Blüten der Jakaranda (links) schmücken die sommerlichen Straßen Pretorias. Aus der früheren "Rosenstadt" wurde 1888 die "Jakarandastadt", nachdem man die ersten Bäume (10 Pfund pro Stück) aus Brasilien eingeführt und gepflanzt hatte. In der Ferne sieht man das Unionsgebäude, die Verwaltungszentrale der südafrikanischen Regierung, am Meintjies Kop liegen. Bei diesem, seinem ehrgeizigsten Projekt führte der Architekt Herbert Baker sogar auf, welche Bäume und Sträucher in den Anlagen des Amphitheaters gepflanzt werden sollten.

Der bärtige Alte (rechts) beim Umzug durch Pretoria wird zum Sinnbild des konservativen Nordtransvaals, wo die Politik der weißen Rechten — wie im "tiefen Süden" der USA — trotz der anderwärts erzielten, politischen Fortschritte den alten Vorurteilen verhaftet bleibt.

37

GOLDRAUSCH

Der Rummel Sun Citys, wo aus Buschland eine phantastische Vergnügungsstätte mit Hotels, Kasinos, Theatern und allen erdenklichen Sportanlagen geschaffen wurde. Dieses ehrgeizige und äußerst lukrative Unternehmen lockt scharenweise Besucher aus Johannesburg und Pretoria, besonders am Wochenende oder über Feiertage. Neben Glücksspiel und allgemeinem Luxus bietet Sun City auch ein Unterhaltungsprogramm, wie Ausstattungsstücke, Box- und Ringkämpfe, Rockkonzerte, doch als bestes Zugpferd erweist sich stets das "eine-Million-Dollar-Golfturnier" im Dezember, zu dem nur die weltbesten Golfpieler eingeladen werden.

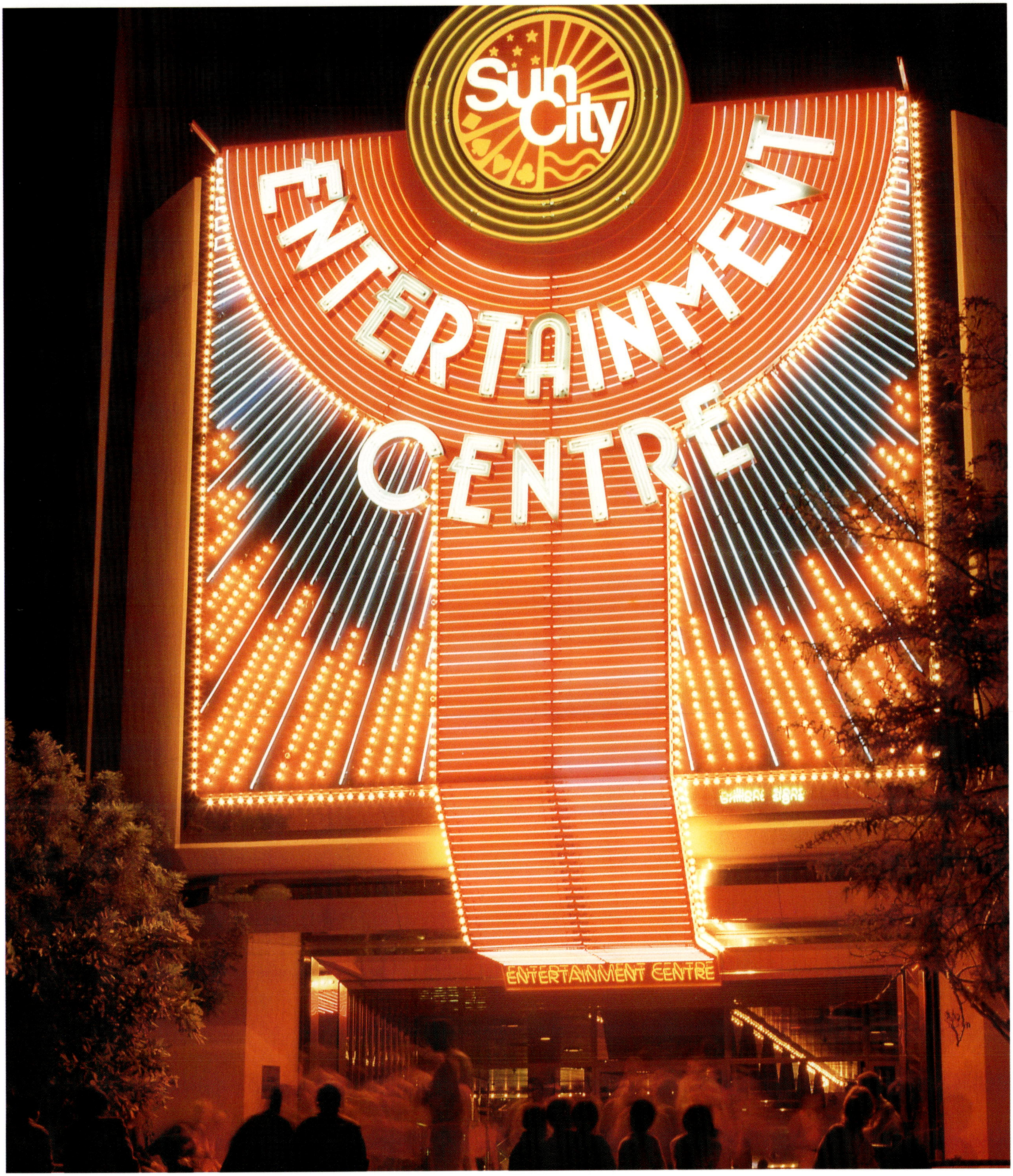
Sun City
ENTERTAINMENT
CENTRE
ENTERTAINMENT CENTRE

40

GOLDRAUSCH

Die Hütten im ländlichen Transvaal (links) zu verzieren ist von altersher die Aufgabe der Ndebelefrau, die für ihren Schmuck helle, bunte Farben vorzieht. Im Handel erhältliche Farben verdrängten zwar Naturfarbstoffe wie Ocker, vergrößerten aber die Farbskala. Der meiste Schmuck der Frau, wie die Hals-, Arm- und Beinringe, läßt sich zeitlebens nicht entfernen.

Was dieser Perlenschurz (oben) der Ndebele aussagt, kann man erst begreifen, nachdem man sich intensiv mit der Bedeutung der Muster und Farben befaßt hat. Schon ehe man die Geschichte Südafrikas aufzeichnete, spielten Perlen im Handel afrikanischer Völker eine wesentliche Rolle. So wurden z.B. bei Mapungubwe Perlen aus vorchristlicher Zeit entdeckt.

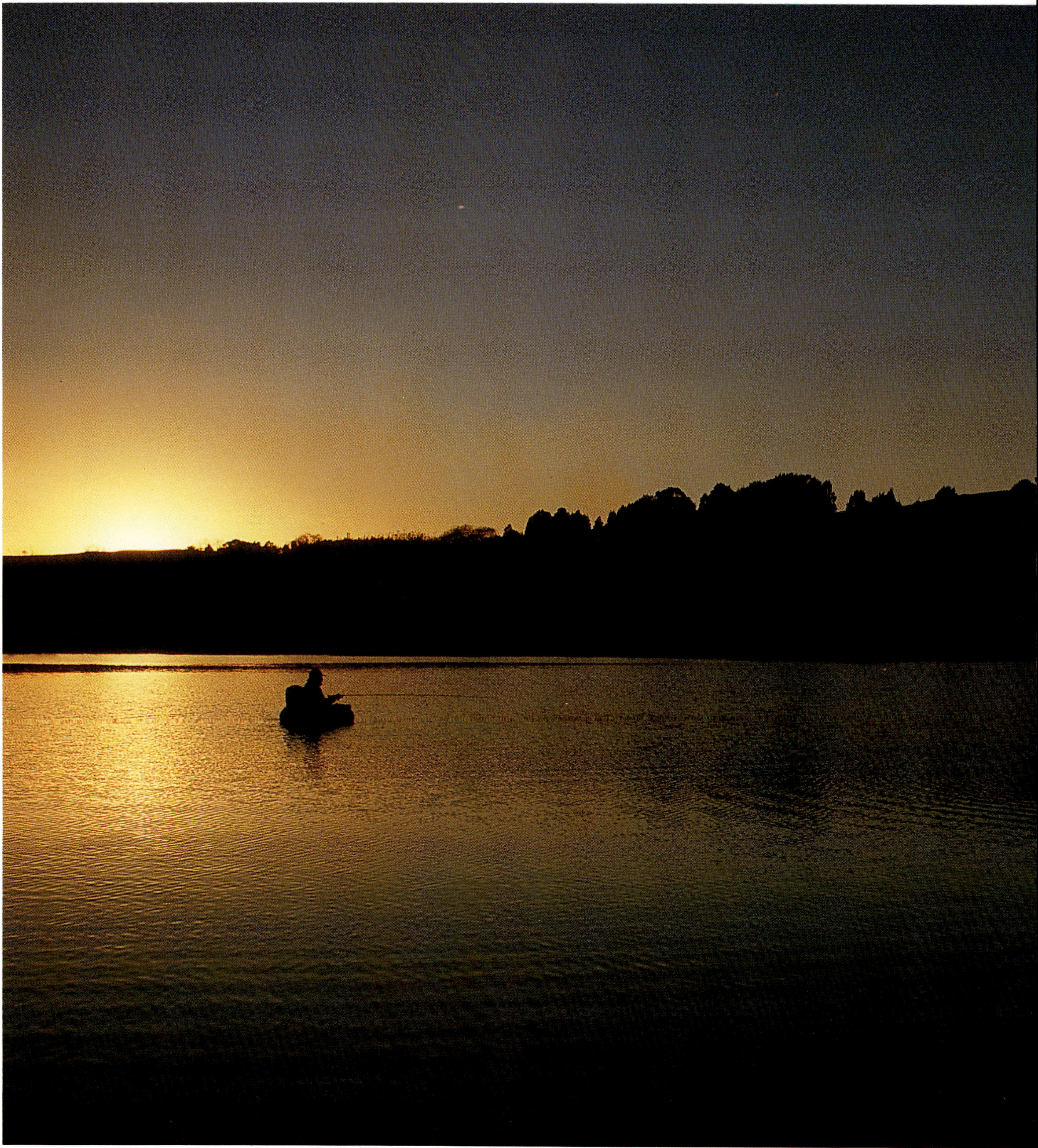

FORELLENBÄCHE UND WASSERFÄLLE

AN DER RANDSTUFE OSTTRANSVAALS, wo die gewaltigen Drakensberge jäh zum Lowveld abfallen, verbinden sich Wälder, Wasser, Nebel und Berge zu einem Märchenland. In der kleinen Ortschaft Pilgrim's Rest aus den 1870er Jahren werden Erinnerungen an das einsame Lagerfeuer des Goldschürfers unter dem von Sternen übersäten, afrikanischen Himmel wach. Vielleicht stand hier schon vor tausend Jahren zur Zeit der afrikanischen Eisenzeit die Schmiede eines Menschen.

Ebenso wechselhaft, wie die Geschicke der Menschen, ist der Reiz dieser nördlichen Gefilde. In Bächen, aus denen einst der kostbare Goldstaub gewaschen wurde, steht heute die träge Forelle, während Angler an baumbestandenen Ufern harren. Stille Flüsse schäumen so plötzlich über steile Felsen, daß Regenbogen im Sprühnebel tanzen.

Pinien- und Blaugummiplantagen beherrschen die Landschaft, doch hier und da steht im Schutz der Berge noch der Primärwald, in dem sich schnatternde Affen und scheue Antilopen verbergen. Die Pilger der Jetztzeit suchen aber anstatt des Goldes den Frieden der Natur.

Von seinem Floß (links) wirft ein Angler träge im Sonnenuntergang bei Dullstroom seine Schnur aus. Im kühlen Hochland Osttransvaals befindet sich das Mekka der südafrikanischen Fliegenfischerei, wo sich die Städter am Wochenende zeitweilig vom strapaziösen Leben erholen.

FORELLENBÄCHE UND WASSERFÄLLE

Rhythmisches Trommeln begleitet den vom Feuerschein erleuchteten Pythontanz der jungen Vendafrauen (oben). Der Tanz findet am Ende der *domba*, der Initiationszeit statt, die mehrere Monate währt und die Mädchen auf die Ehe und das Leben der Erwachsenen vorbereitet.

Der Lone-Creek-Fall (rechts) an einem Nebenfluß des Sabie River stürzt 68 Meter in eine kühle, bewaldete Schlucht. Auch zwei andere Wasserfälle, der Bridal Veil und der Sabie, befinden sich im Umkreis des Städtchens Sabie. Der Sabie River mündet in der Nähe Mosambiks in den Komati River.

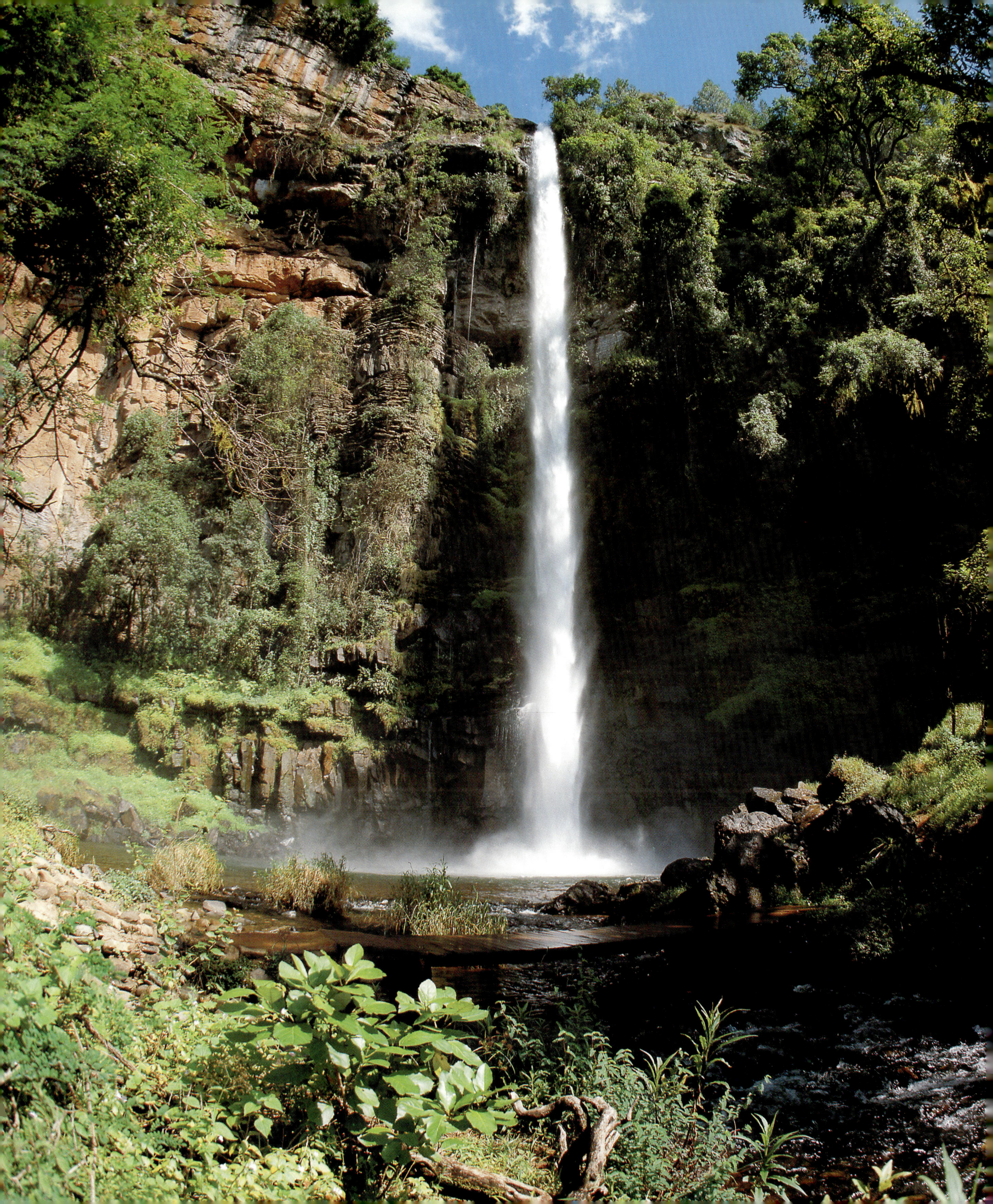

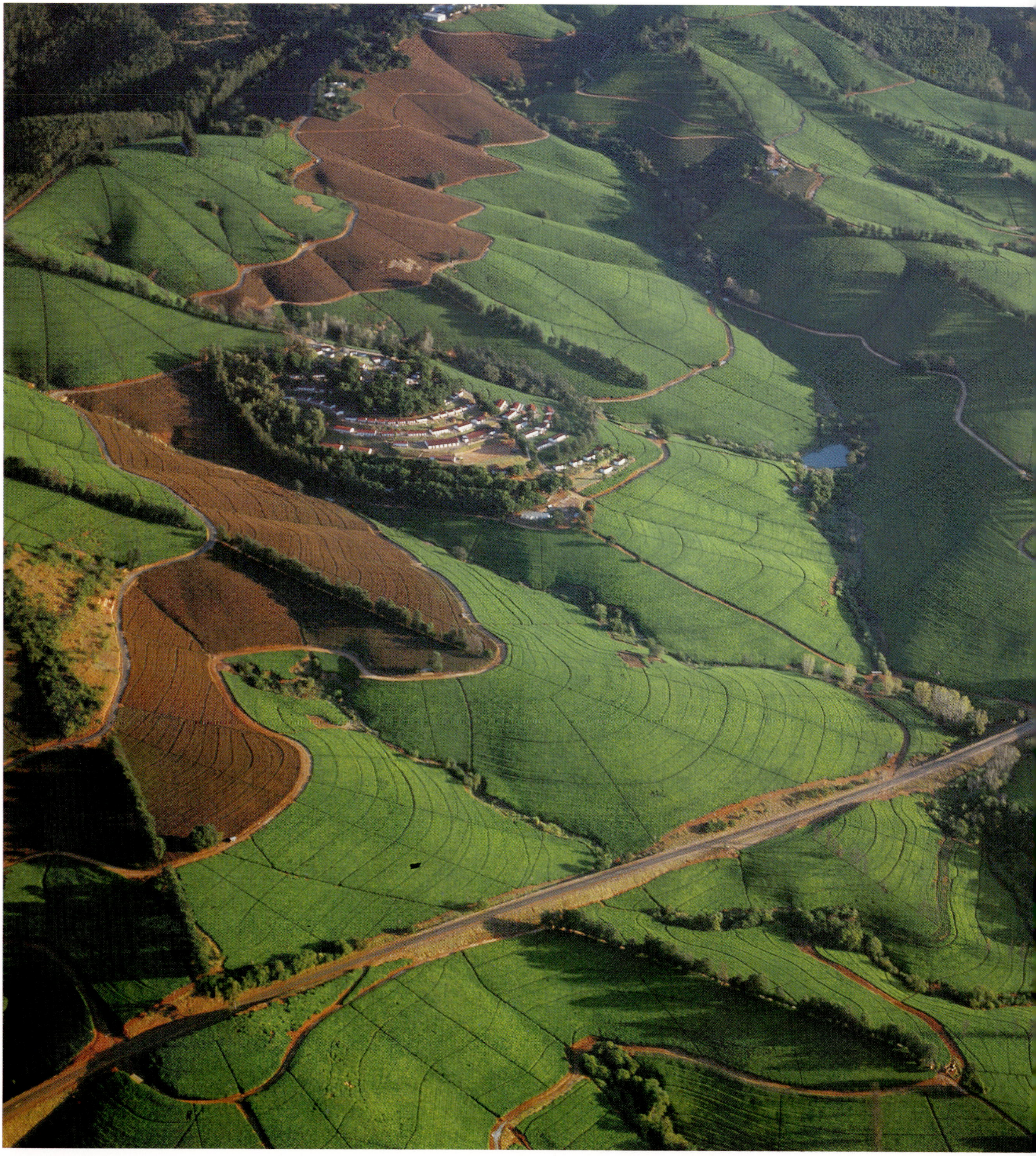

FORELLENBÄCHE UND WASSERFÄLLE

Die Magoebasschlucht (links) – malerisch, bewaldet und wasserreich – erstreckt sich von Haenertsburg bis nach Tzaneen. Die Terrassen dieser nördlichen Abdachung der Randstufe bepflanzte man dicht mit Tee, der in dem feuchten, subtropischen Klima gut gedeiht. Diese verhältnismäßig neue, lukrative Industrie, die den Import aus Sri Lanka reduzierte, ist arbeitsintensiv und beschäftigt die einheimischen Pflücker (oben).

47

FORELLENBÄCHE UND WASSERFÄLLE

Den Blyde-River-Cañon (rechts) umhüllt der frühe Morgennebel. Der Blyde River stürzt an der Randstufe mehr als 1000 Meter in das heiße, feuchte Buschveld. Im Laufe der Zeit meißelte der Fluß den einzigen wahren Cañon des Landes in das weiche Gestein, so daß hier eines der Naturwunder entstand. Vom Gipfel des Quarzitgesteins schäumt der Fluß zum aufgewühlten Zusammenfluß des Blyde und Treur River hinab, wo der wirbelnde Strom große Strudelkessel (unten) gebildet hat. 1870 fand ein Schürfer namens Bourke hier Gold, daher heißt der Ort Bourke's Luck (Glück). Die Flüsse verdanken ihre Namen den Voortrekkern, die den einen Treur (Trauer) tauften, als der von ihnen ausgesandte Spähtrupp nicht zurückkehrte. Den anderen nannten sie vor Erleichterung über die glückliche Heimkehr ihrer Kameraden Blyde (Freude).

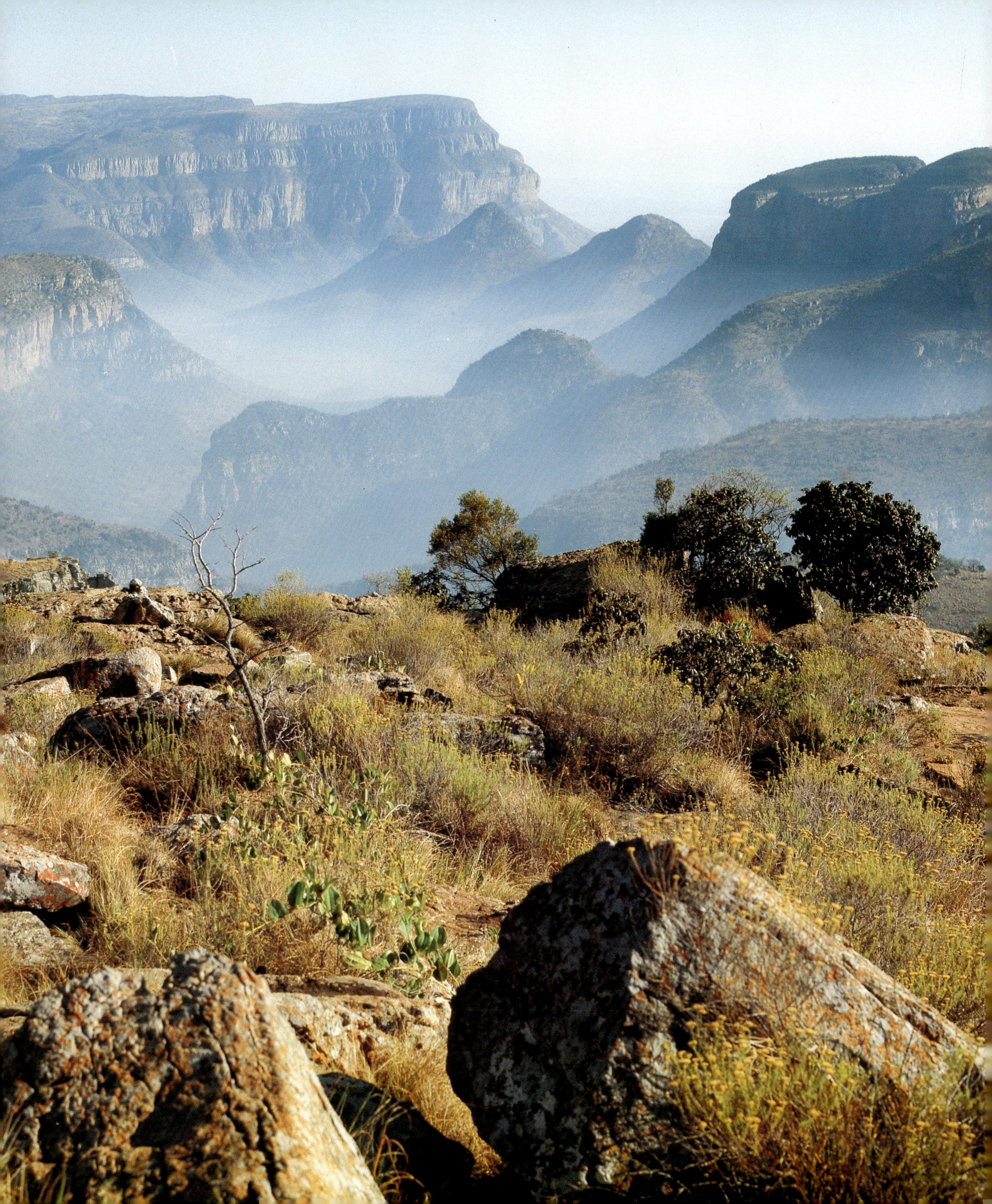

Forellenbäche und Wasserfälle

Beim Gemischtwarenhändler (links) kann man zwar nicht mehr einkaufen, sich aber vorstellen, was man zu Großmutters Zeiten erstanden hätte. Zu den recht einfachen Häuschen der Ortschaft steht die abseits liegende Villa des Geschäftsführers in starkem Kontrast. Hier ist ein Museum mit Stücken im Jugendstil und Art Déco untergebracht.

Ein herbstlicher Nebelschleier liegt über dem Weg zum Cybele Forest Lodge (rechts), den noch immer leuchtende, herabgefallende Jakarandablüten säumen. Das Waldgasthaus (bei White River) bietet dem Großstadtmüden eine Zuflucht, doch auch eine vorzügliche französische Küche.

Wenn man sich Pilgrim's Rest nähert (oben links), schlängelt sich die Straße wie damals hinab, als die Postkutsche mit vorgehaltener Schußwaffe ausgeraubt wurde. Der Überfall war jedoch nicht besonders erfolgreich, und nachdem der Räuber aus dem Gefängnis entlassen worden war, kehrte er in das Städtchen zurück und eröffnete die Highwayman's (Straßenräubers) Werkstatt. Pilgrim's Rest entstand 1873, als ein Schürfer, der Wheelbarrow Alex hieß, weil er seinen gesamten Besitz auf einer Schubkarre transportierte, hier an einem Flußarm Gold entdeckte.

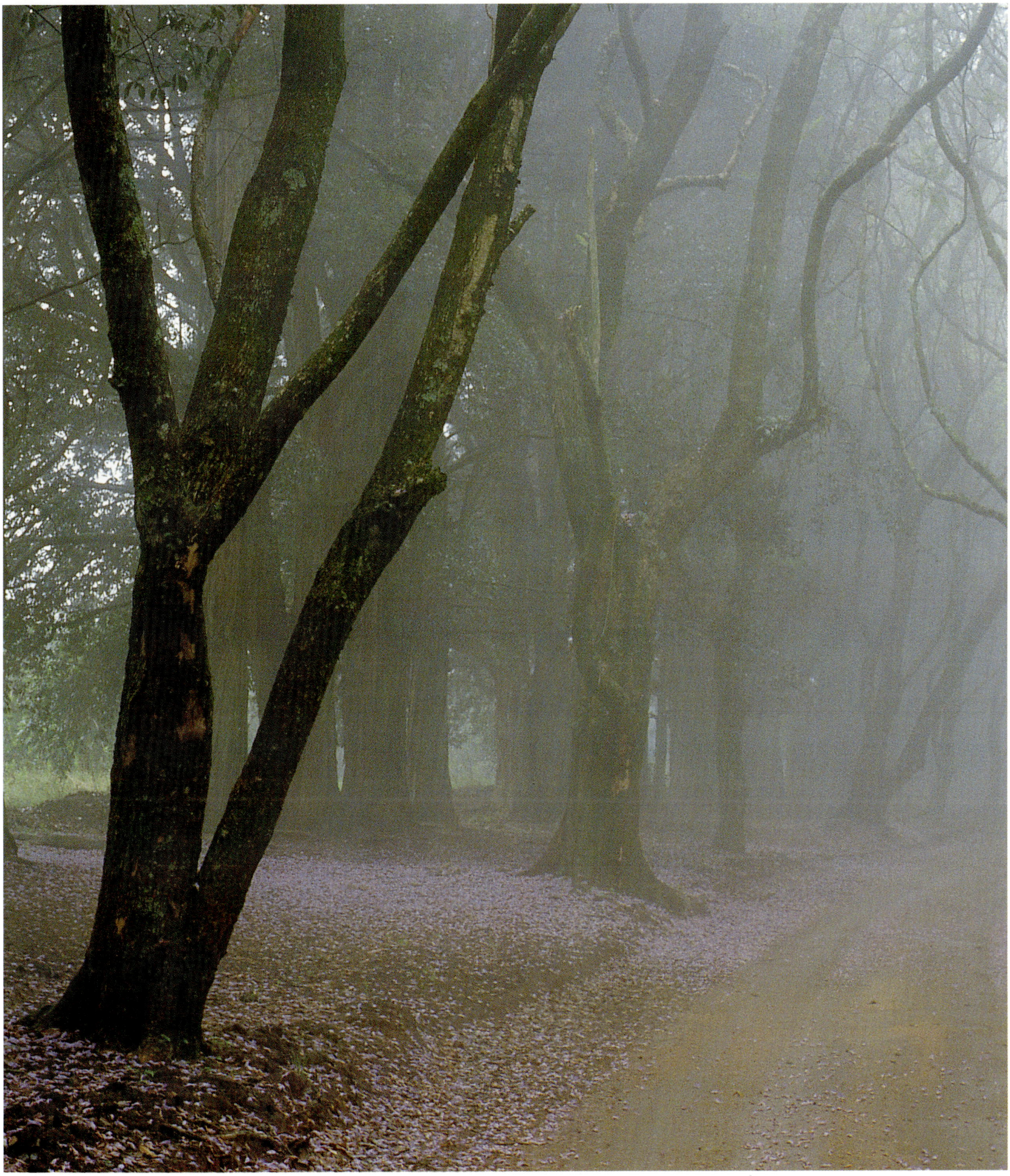

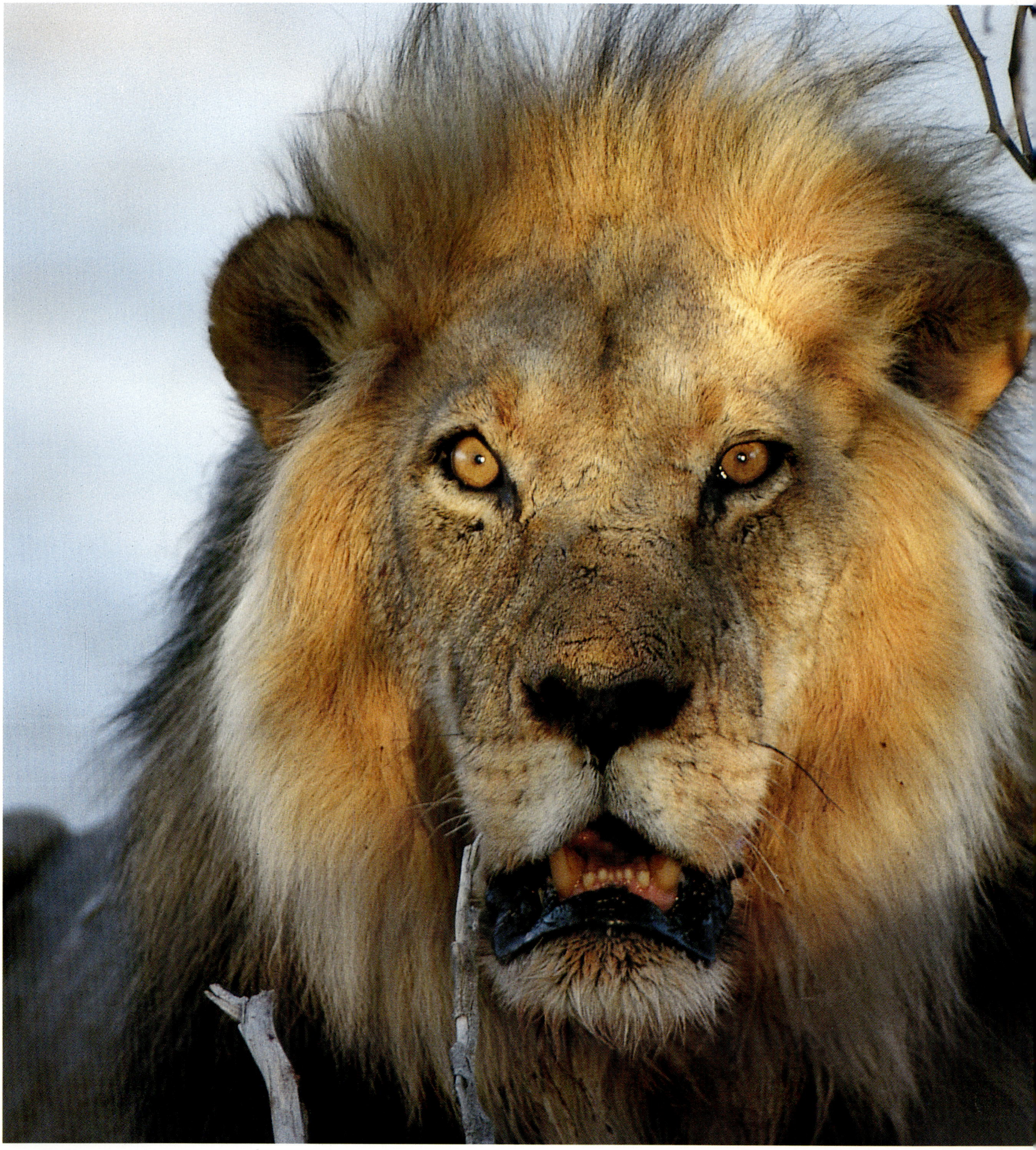

Im Reiche des Grosswilds

DAS LOWVELD TRANSVAALS. Für viele beschwört die Bezeichnung Lowveld oder Buschveld Vorstellungen von früheren Großwildjägern und Händlern herauf, deren Wagen knarrend über diese unendliche, afrikanische, von Malaria und Bilharziasis heimgesuchte Landschaft zwischen der Großen Randstufe und der Delagoabucht fuhren. Der Händler siedelte sich schließlich an und eröffnete mit oder ohne Erfolg einen Laden. Dank ihrer gewaltigen Fortschritte besiegte die Medizin Krankheiten, die früher als Todesurteil für Mensch und Tier gegolten hätten. Und nachdem der Jäger das Wild fast gänzlich ausgerottet hatte, mußte er dem Naturschützer weichen.

Im Lowveld findet eines der weltweit ehrgeizigsten und erfolgreichsten Naturschutzprojekte im Krüger-Nationalpark statt. Ein beinahe 20 000 Quadratkilometer großes Gebiet (zwei Drittel der Gesamtfläche Belgiens, entspricht größenmäßig Wales) gewährt Löwen, Nashörnern und Elefanten die ihrer Bedeutung entsprechende Sicherheit in einer Landschaft, die sich über die Jahrtausende kaum gewandelt hat. In der grasbestandenen Ebene wechseln sich die Schirmbäume der Akazien mit den eigenartigen, verstümmelten Naturriesen, den Baobabs ab. Die Vielfalt des Parks ist überwältigend: mindestens 147 Säugetierarten, über 450 Baumarten, mehr als 500 Vogelarten leben hier. Über 500 000 Besucher aus aller Welt kommen jährlich herbei, doch — wie auch die Feriendörfer und Infrastruktur — verlieren sie sich in dieser endlosen Weite.

Ein ausgewachsener Löwe (*Panthera leo*) (links) blickt hoheitsvoll mit seinen gelben Augen unerschrocken direkt in die Kamera.

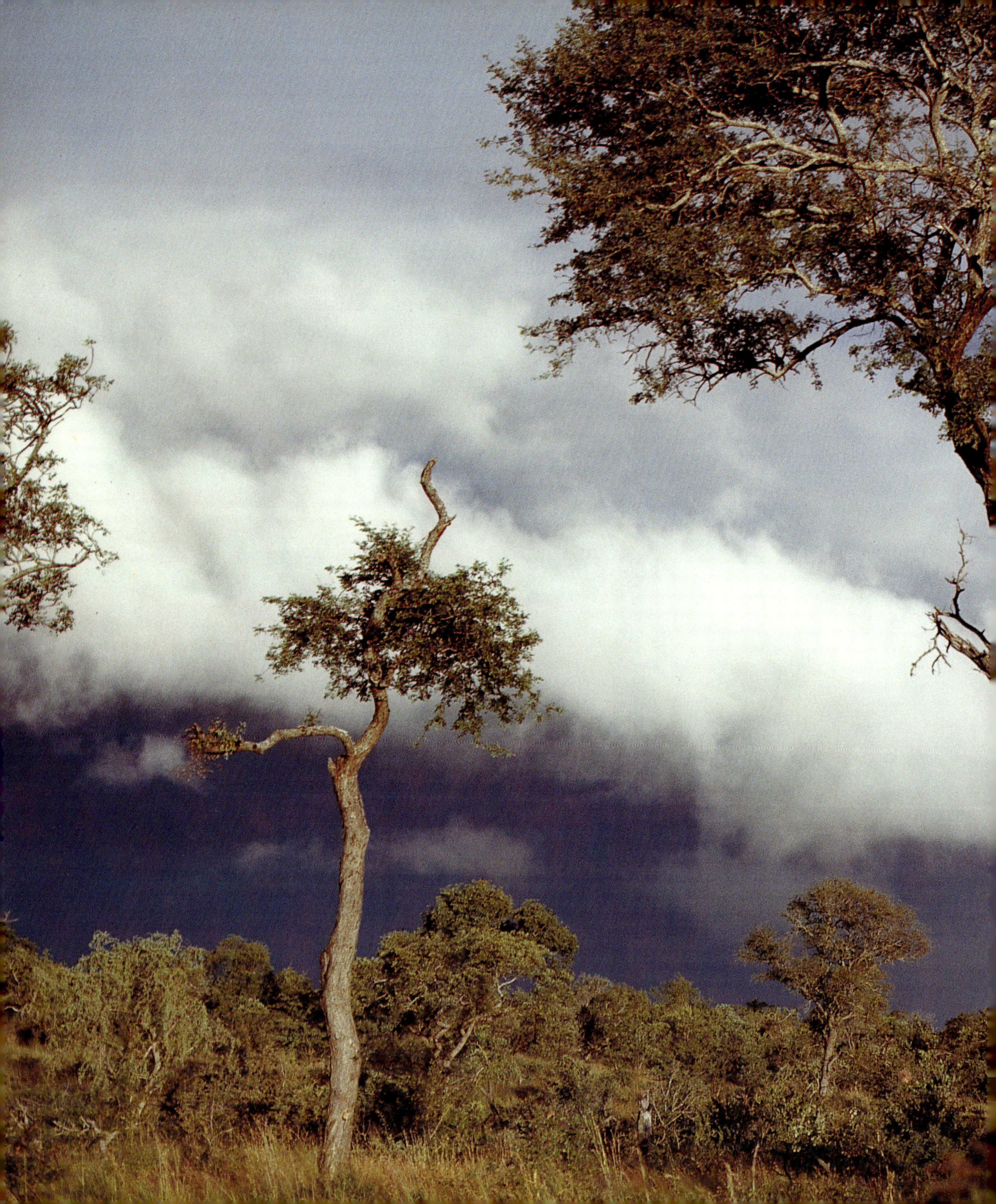

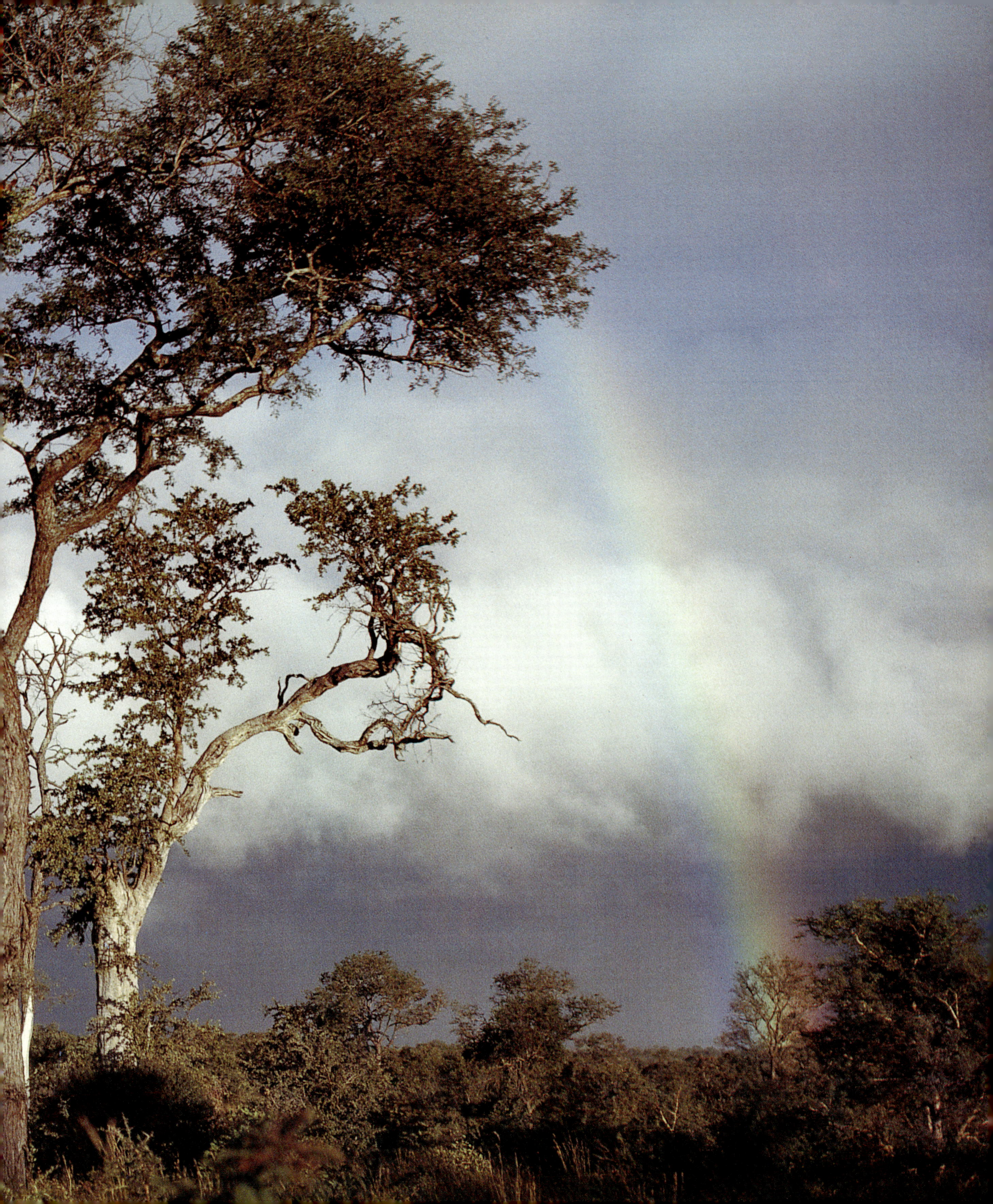

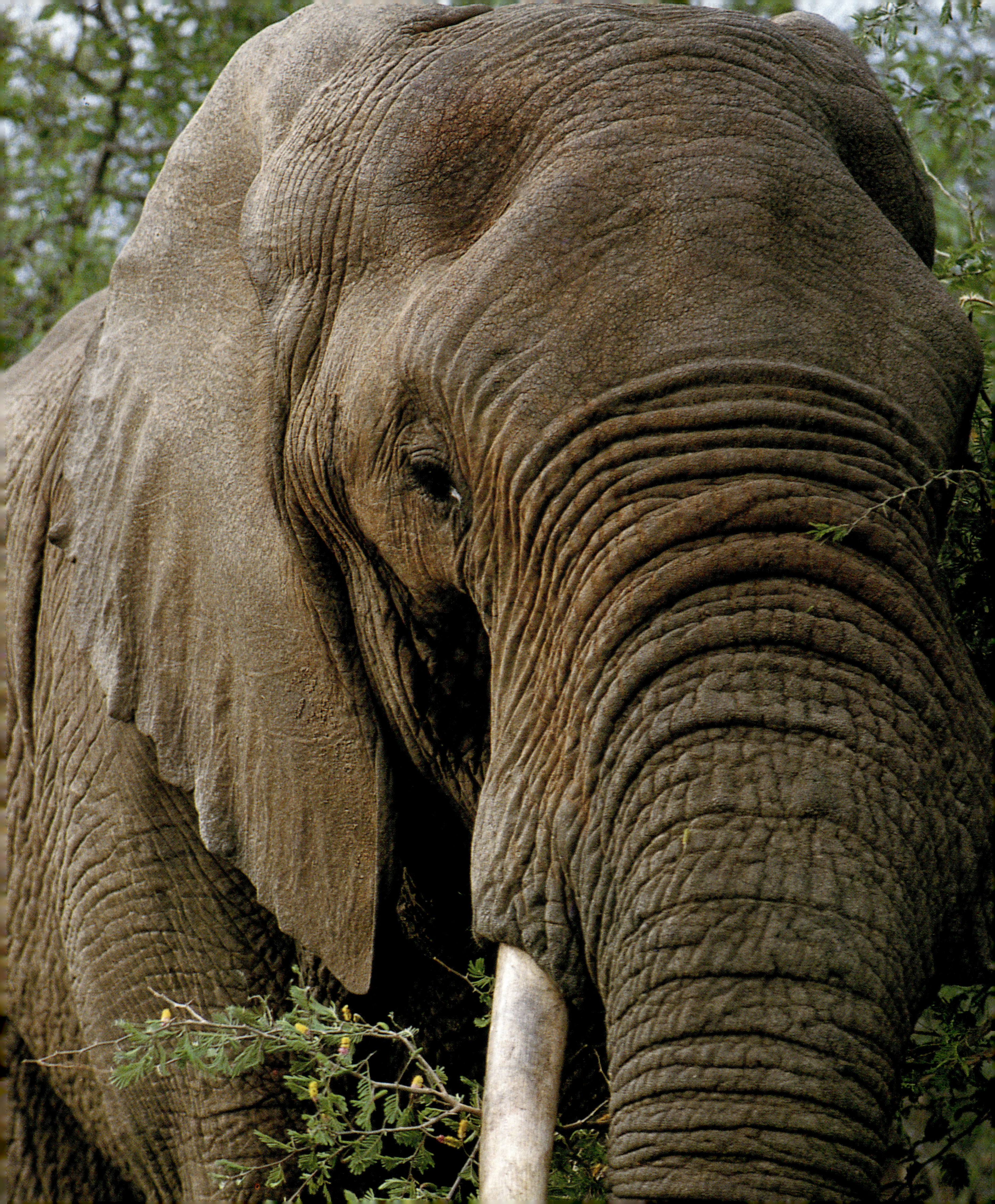

IM REICHE DES GROSSWILDS

Der Afrikanische Elefant (*Loxodonta africana*) (links) ist das größte Landsäugetier. Trotz seiner Größe und Stärke zeigt er sich den Artgenossen gegenüber sanftmütig und umgänglich. Abgesehen vom Menschen kennt er keine natürlichen Feinde, doch war das allein problematisch genug. Während des vorigen Jahrhunderts stellte man dem Tier erbarmungslos nach, so daß 1912 im Sabie-Wildschutzgebiet, dem Grundstock des Krüger-Nationalparks, nur 25 Exemplare verblieben. Obwohl der Elefant immer noch den Elfenbeinjäger zu fürchten hat, ist der höchstzulässige Bestand auf 7 000 bis 8 000 angestiegen.

Ein Flußpferd (*Hippopotamus amphibius*) (oben) "gähnt". Trotz seines plumpen, fast komischen Aussehens erweist es sich als geschickter, eleganter Schwimmer. Interessant ist, daß es weder über Haarwuchs noch Schweißdrüsen verfügt, während seine äußerst dünne Oberhaut eine dicke Lederhaut bedeckt. Deshalb ist das Flußpferd von tiefen Gewässern abhängig, wo es den größten Teil des Tages verbringt, um das Austrocknen der Haut zu verhindern.

Das Buschveld (vorherige Seite) bei starker Bewölkung, die nur ein Regenbogen ein wenig aufheitert.

Im Reiche des Grosswilds

Nur die männliche Schwarzfersenantilope (*Aepyceros melampus*) (rechts) setzt die typisch leierförmigen Hörner auf. Von allen Antilopen kommt sie im Lowveld am häufigsten vor und ist ein wichtiges Beutetier der größeren Raubkatzen. Die Herden der gesellig lebenden Schwarzfersenantilopen bestehen aus 10 bis 50 Tieren.

Eine Schwarzfersenantilope (unten) zeigt ihre Grazie im Sprung. Mit einem Satz springt sie leicht über einen drei Meter hohen Zaun oder legt bis zu 10 Meter zurück.

Der Weißstirn-Bienenfresser (*Merops bullockoides*) (links) ist im Lowveld weit verbreitet, hält sich aber besonders an Dauerflüssen auf. Trotz seines Namens zieht er Schmetterlinge als Nahrung vor, verschmäht aber auch Bienen und andere Insekten nicht, die er im Fluge fängt, indem er gewöhnlich auf die Beute hinabstößt.

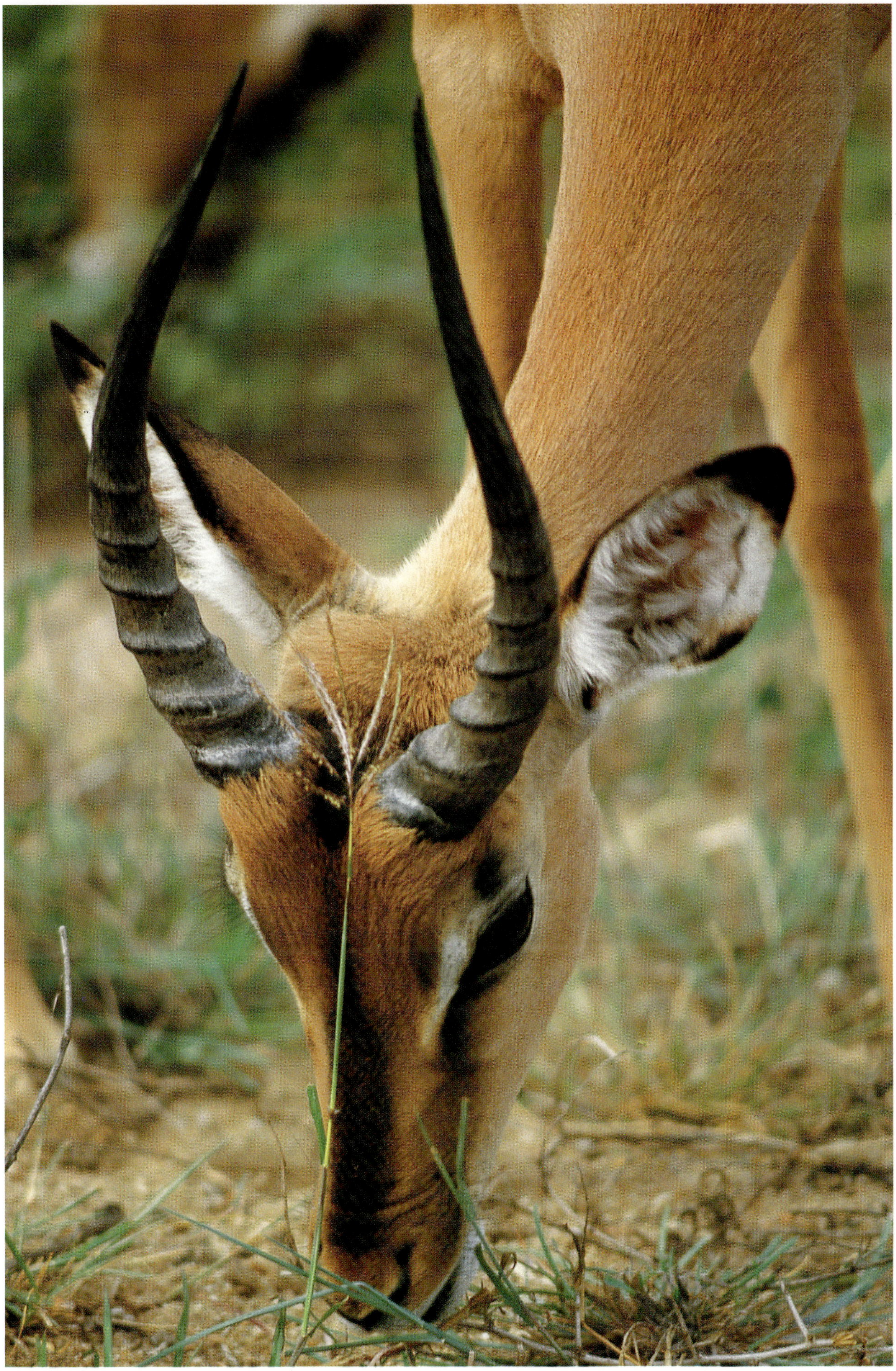

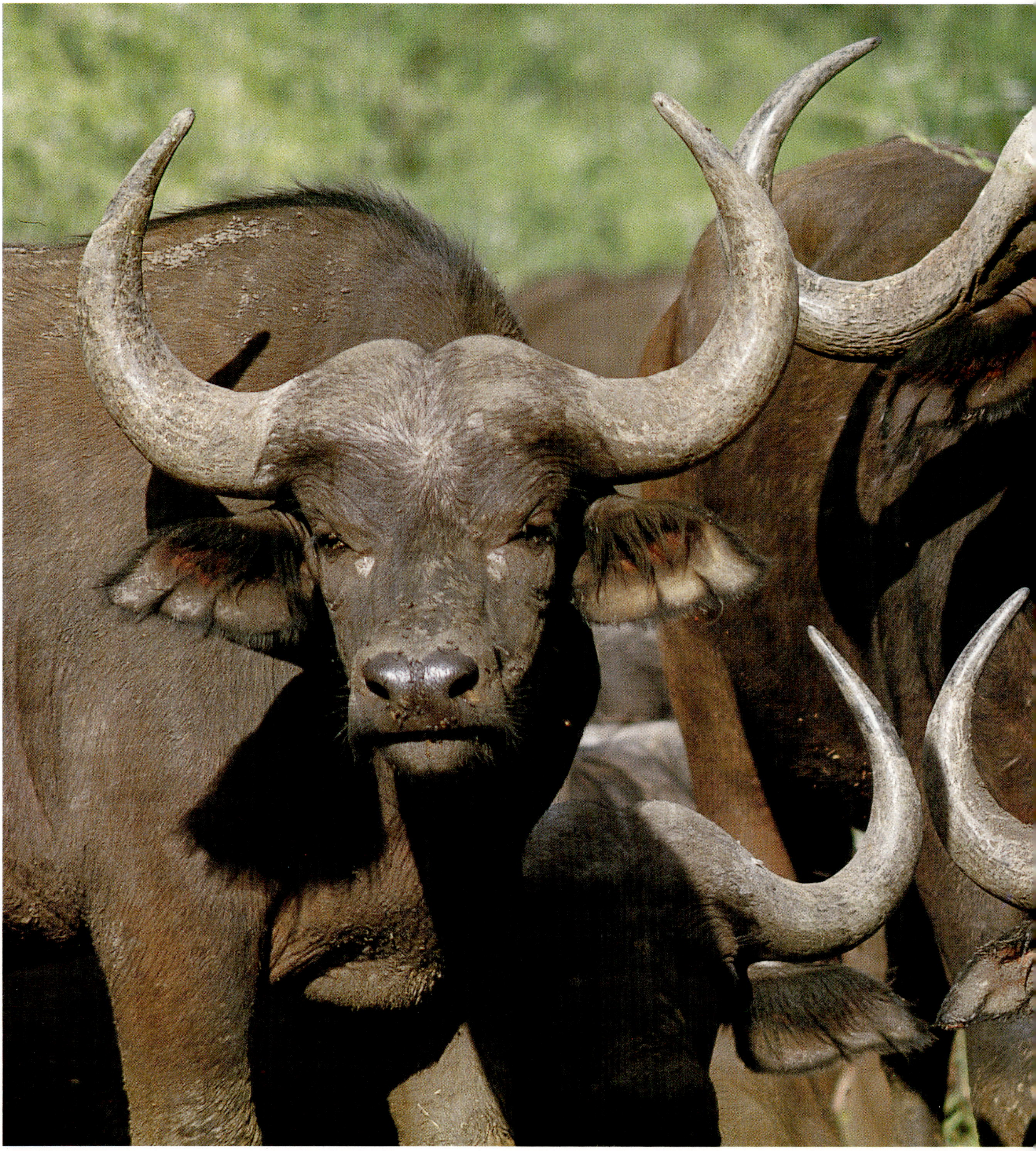

IM REICHE DES GROSSWILDS

Safari im großen Stil (oben) in einem der an den Krüger-Nationalpark grenzenden, privaten Wildschutzgebiete. Hier steht Gästen eine luxuriöse, Fünf-Sterne-Unterkunft und vorzügliche Küche zur Verfügung. In offenen Fahrzeugen mit Allradantrieb erleben sie die unmittelbare Begegnung mit den "großen Fünf", zu denen auch **der Büffel** (*Syncerus caffer*) (links) gehört. Der Büffel kommt in allen Schutzgebieten des Lowvelds vor. Auch wenn er beim Grasen oder Wiederkäuen friedlich wirkt, ist er ein reizbarer, gefährlicher Gegner. Wird er gestört, trabt er oft mit lautem Schnauben davon, sind aber Kühe und Kälber in der Nähe, setzen sich alle Bullen gemeinsam zu ihrer Verteidigung ein.

IM REICHE DES GROSSWILDS

Kapgeier (*Gyps coprotheres*) (unten) sammeln sich während der zeitweiligen Abwesenheit der rechtmäßigen Besitzer — wahrscheinlich ein Löwenrudel — um den Kadaver einer Giraffe. Obwohl die Schutzgebiete Osttransvaals den Geiern relative Sicherheit bieten, kommen ihre bedeutendsten Brutkolonien in den Viehzuchtgebieten vor. Da die Viehzüchter heutzutage alle Kadaver vergraben, um die Verbreitung von Krankheiten zu verhindern, steht den Geiern immer weniger Nahrung zur Verfügung. Manche Farmer gefährden auch die Geier, indem sie Kadaver vergiften, um Schakale und streunende Hunde auszurotten.

Eine Giraffe (*Giraffa camelopardalis*) (rechts) spreizt die Beine, um sich zum Wasser hinabbeugen zu können. Wenn sie den Kopf mit Hilfe ihres langen Halses hebt oder senkt, regelt ihr außergewöhnlicher Kreislauf die Strömung des Blutes, um die tödlichen Folgen plötzlicher Schwankungen des Blutdrucks zu verhindern. In dieser ungünstigen Stellung ist sie dem Angriff eines Löwen besonders ausgesetzt, daher trinken Giraffen meistens nacheinander, während die anderen inzwischen aufmerksam Wache halten. Die Bullen dieser längsten Lebewesen der Erde erreichen eine Länge von über fünf Metern.

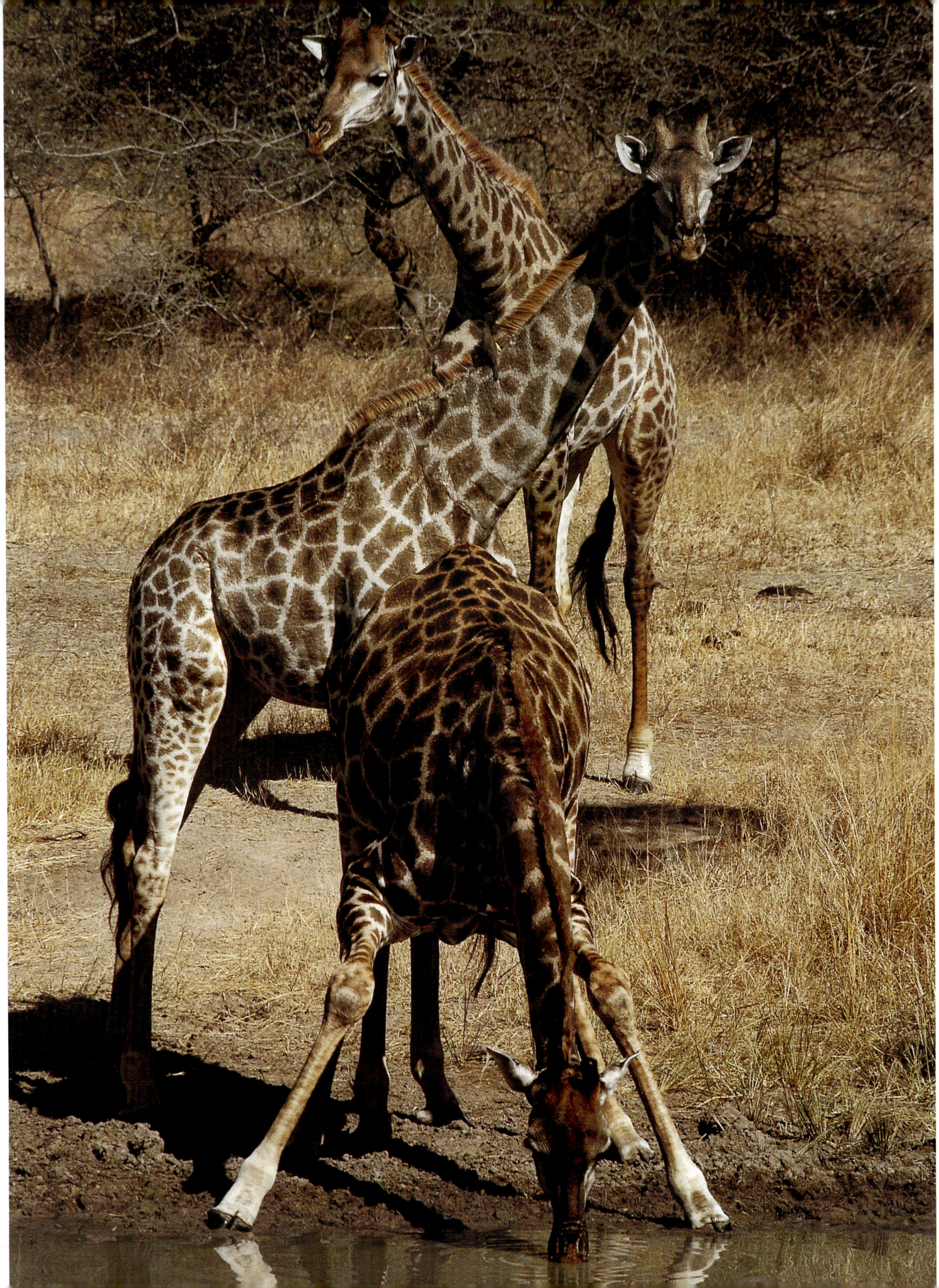

Im Reiche des Grosswilds

Das Baumhörnchen (*Paraxerus cepapi*) (oben) bewohnt gewöhnlich einen hohlen Baumstamm, verbringt aber tagsüber die meiste Zeit auf dem Boden, wo es kleine Insekten, Wurzeln und Gräser sucht.

Wanderer ziehen in Begleitung von Wildschutzbeamten (oben) am Bushman-Wilderness-Wanderpfad im Krüger-Nationalpark entlang. Diese Wanderfahrten durch den Park finden regelmäßig statt und bieten die Möglichkeit, das Wild unmittelbar zu Fuß zu beobachten.

Ein junger Leopard (*Panthera pardus*) (rechts) geht nachts still seinen geheimnisvollen Geschäften nach. Die scheue, solitäre, vorwiegend nachtaktive Raubkatze gibt sich zwar mit Insekten, Fischen, Vögeln und Reptilien zufrieden, schlägt aber auch Säugetiere von der Größe eines Kudus. Ihre häufigste Beute ist jedoch die Schwarzfersenantilope.

Der Gepard (*Acinonyx jubatus*) (umseitig), das schnellste Landsäugetier, erreicht mit seinen langen Sätzen fast 100 Stundenkilometer.

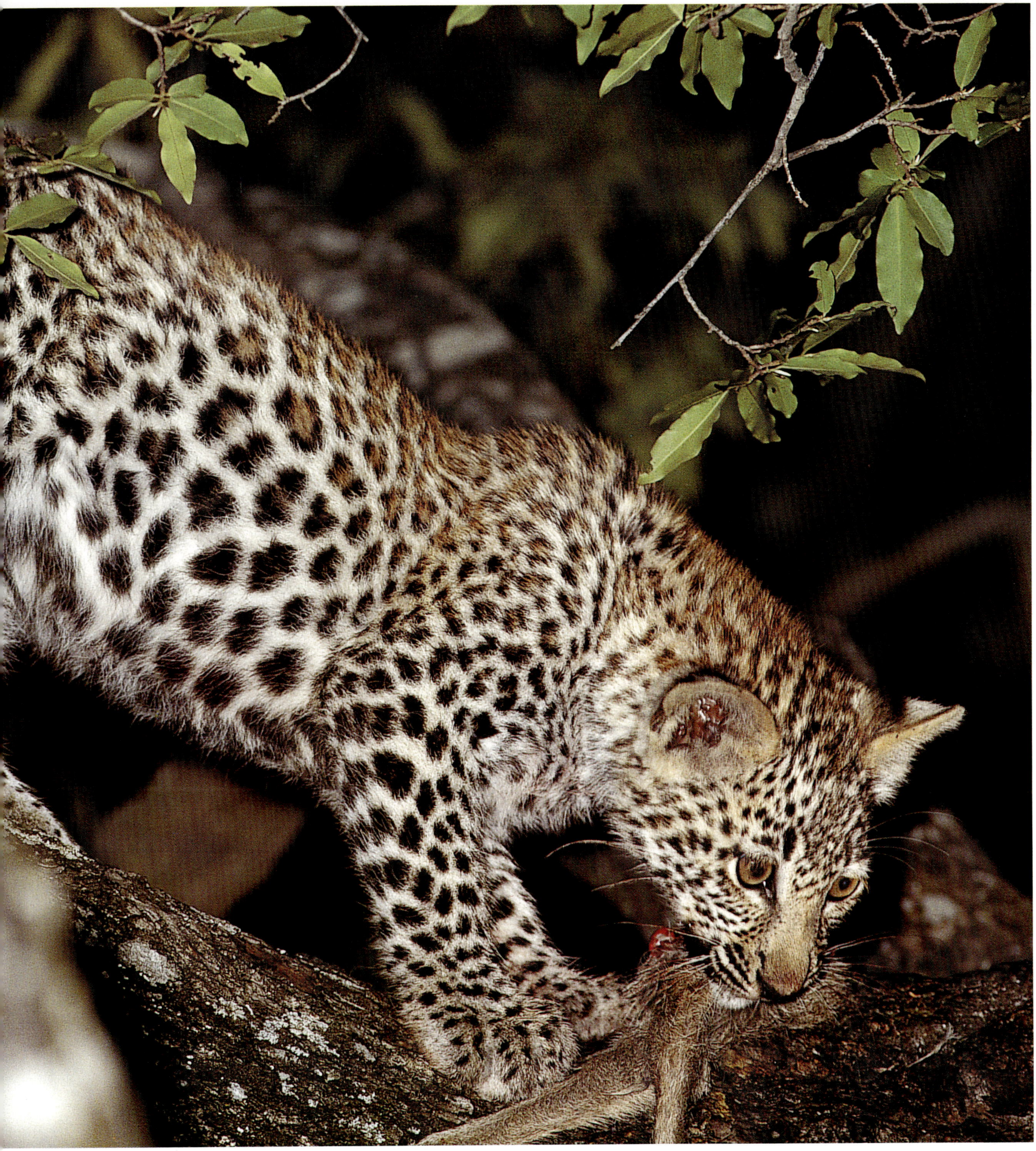

Im Reiche des Grosswilds

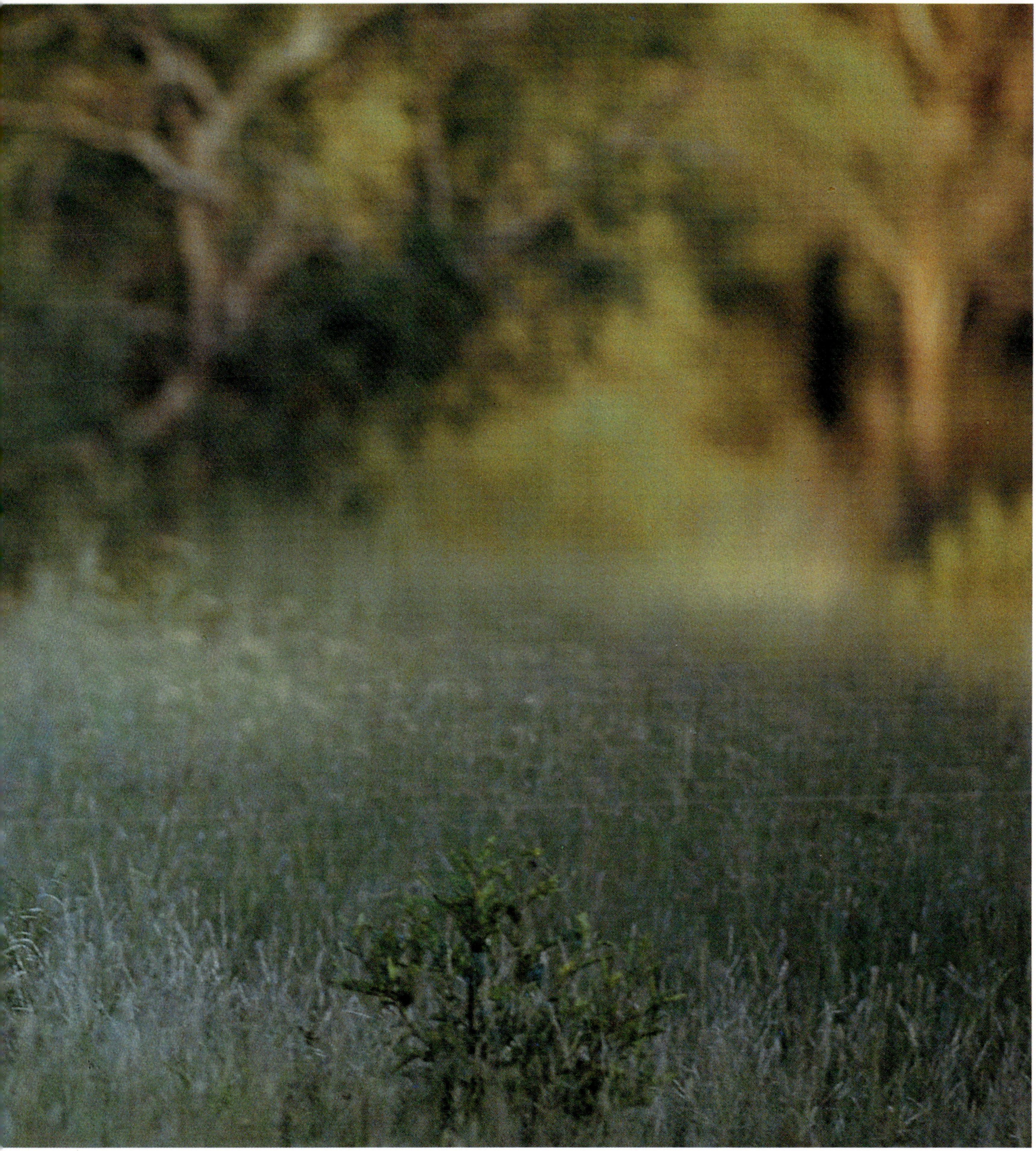

Im Reiche des Grosswilds

Der Afrikanische Wildhund (*Lycaon pictus*) (oben) ist ein behender, grimmiger Jäger. Auf der Jagd verfolgt das Rudel unerbittlich die Beute und reißt ihr Fleischstücke vom Leib, bis sie zusammenbricht. Dann stürzen sich die Wildhunde weder sofort gierig über den Kadaver her, noch haben die ausgewachsenen Tiere einen Anspruch auf die leckersten Bissen, sondern sie halten sich zurück, bis die Jungen sich sattgefressen haben.

Der Bärenpavian (*Papio ursinus*) (rechts), ein Zerrbild des Menschen, denkt am Straßenrand über das Leben nach. Bis zu 100 dieser Tiere finden sich zu Herden, die von mehreren Männchen geführt werden, zusammen. Der Leopard ist ihr ärgster Feind, doch können mehrere große Bärenpaviane mit der Unterstützung der Herde den Leoparden zum Rückzug zwingen.

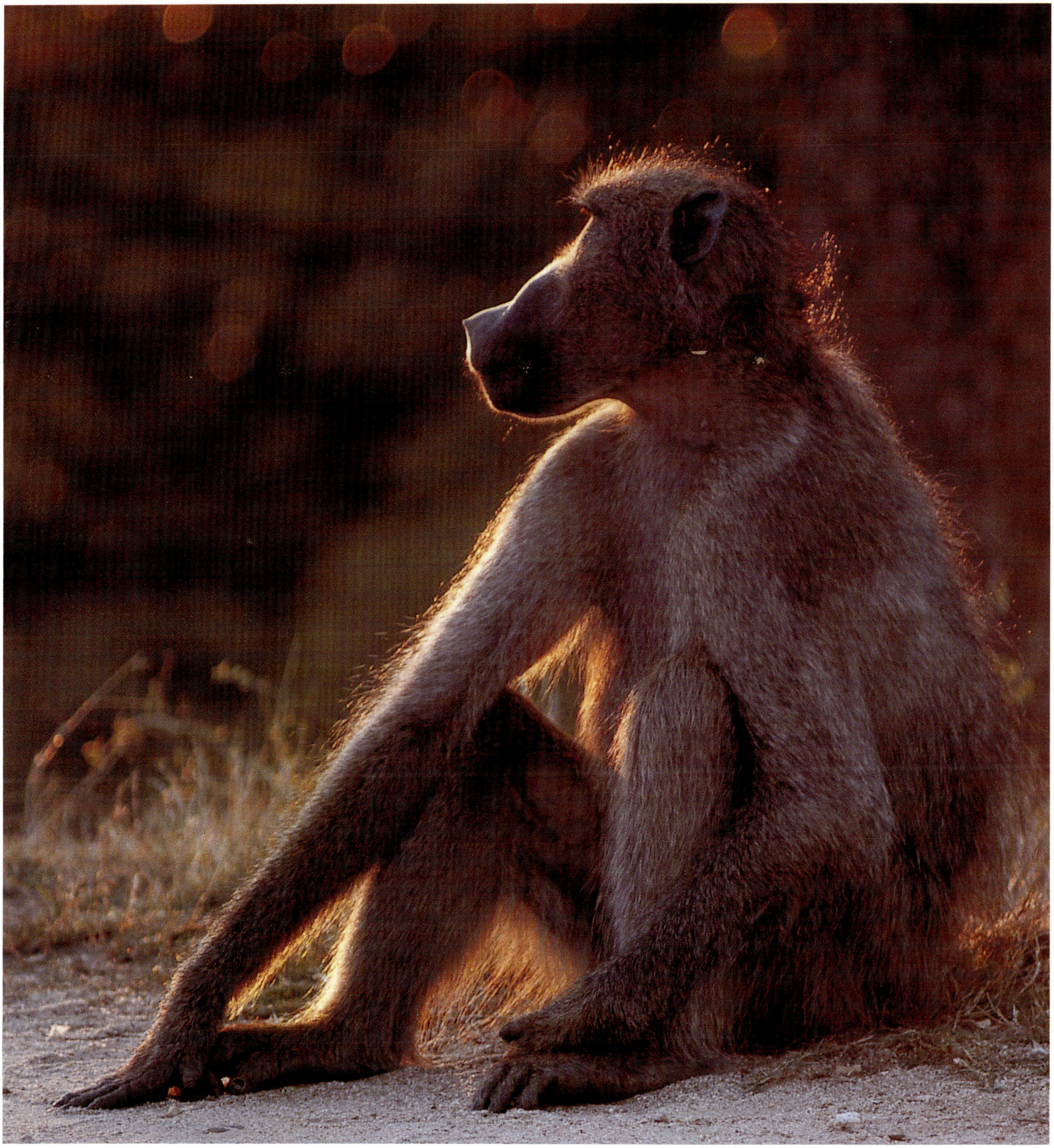

Im Reiche des Grosswilds

Der Gaukler (*Terathopius ecaudatus*) (oben) verdankt seinen Namen seiner außerordentlichen, besonders während der Balz auffallenden Flugkunst. Von anderen Greif- oder Raubvögeln ist er leicht wegen seiner roten Beine und des äußerst kurzen Schwanzes zu unterscheiden, über den im Flug die Füße hinausragen.

Ein Elefant beim Fressen im roten Sonnenuntergang (rechts). Um ihren massigen Körper zu erhalten, müssen diese Säugetiere fast unentwegt fressen und saufen. Ihr Verbrauch ist erstaunlich: ein einzelnes Tier kann täglich zwischen 150 und 300 Kilogramm Vegetation verzehren und zwischen 180 und 220 Liter Wasser trinken.

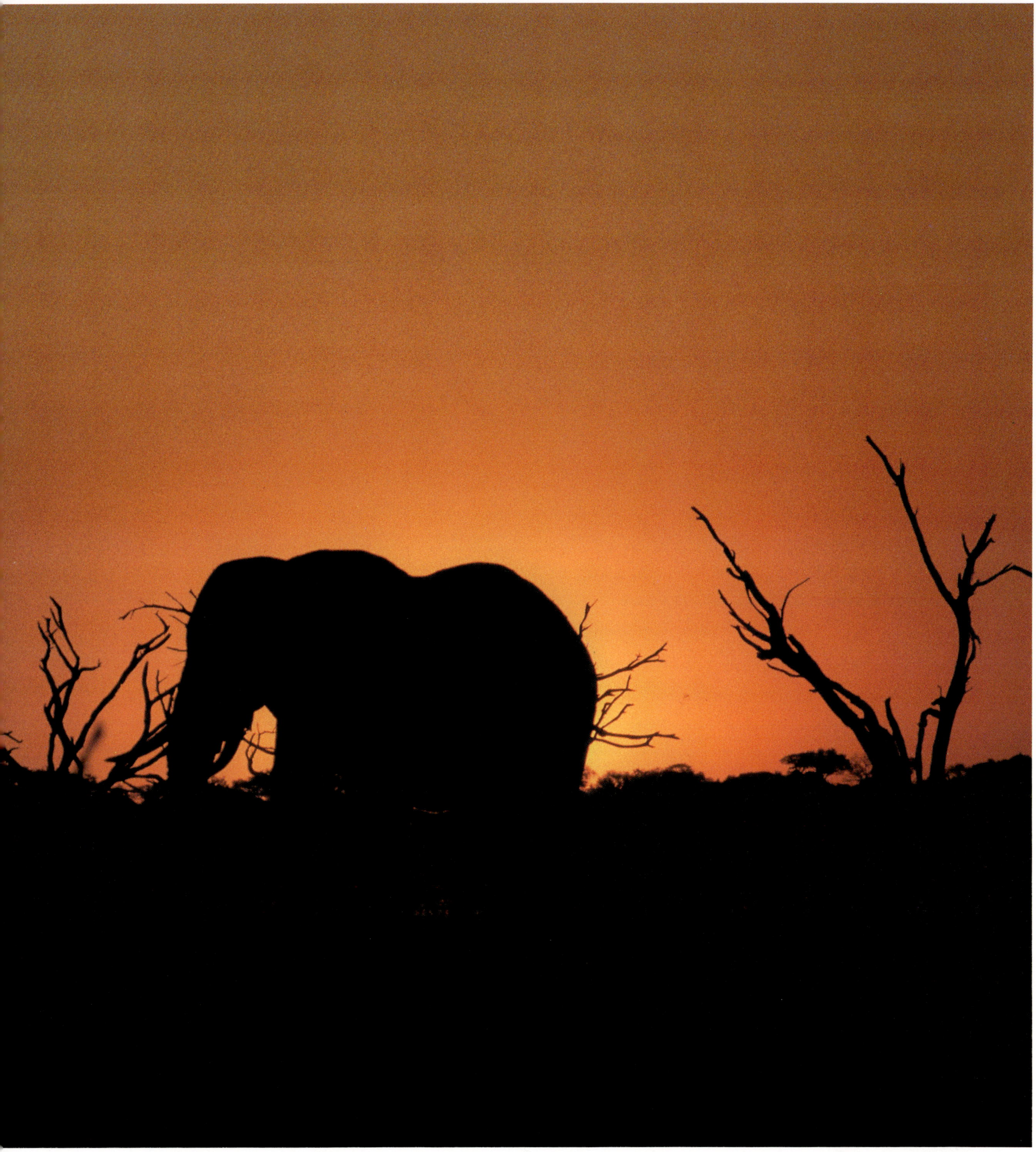

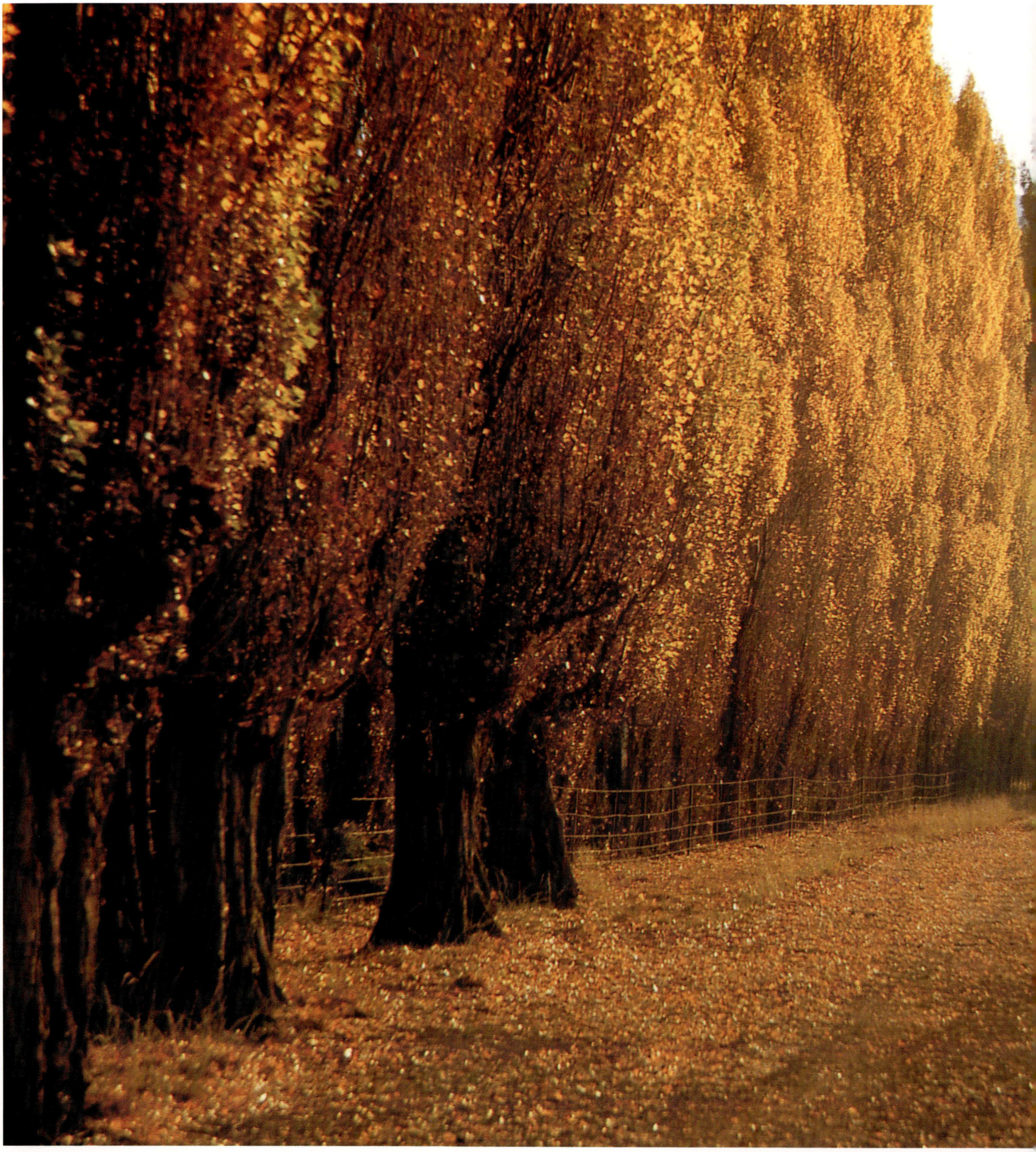

DAS HERRLICHE HOCHLAND

DER ÖSTLICHE ORANJEFREISTAAT UND DIE DRAKENSBERGE NATALS. Zwischen dem Küstensaum Natals und dem Highveld des südafrikanischen Zentralhochlands liegen die stolzen Gipfel der Drakensberge, die von den Einheimischen *Quathlamba*, d.h. "Barriere der Speere" genannt werden. Die zerklüfteten Spitzen erinnerten wiederum die Voortrekker an den Rücken eines Drachen, daher gaben sie ihnen den Namen *Drakensberge*.

Damals stellte das Gebirge ein fast unüberwindliches Hindernis für Reisende dar, und auch heute führen nur wenige, verschlungene Bergstraßen über oder durch die steile Randstufe. Gerade diese Unzugänglichkeit garantierte den Drakensbergen die Ruhe und Stille der Wildnis, der Gipfel und Schutzgebiete, die Bergsteiger, Wanderer und Naturfreunde genießen, während andere gewiß damit zufrieden sind, eine der großartigsten, südafrikanischen Landschaften zu betrachten.

Jenseits der Drakenberge liegen die wilden, noch ferneren Malutiberge im Königreich Lesotho. In den nordöstlichen Ausläufern dieses gewaltigen Gebirges, wo Lesotho und der östliche Oranjefreistaat aneinandergrenzen, liegt eine Landschaft riesiger, natürlicher Skulpturen, die der Wind gegen Ende des Zeitalters der Dinosaurier aus dem Psammit meißelte. Beim schwachen Schein der Morgen- und Abenddämmerung leuchten diese fantastischen Formationen goldfarben auf, gehen als Kulisse des Golden Gate Highlands-Nationalparks teilweise ins Purpur und Braun über.

Pappeln bei Clarens im östlichen Oranjefreistaat (links), deren herbstliches Blätterkleid mit den tiefen Farbtönen des Psammitgesteins wetteifern.

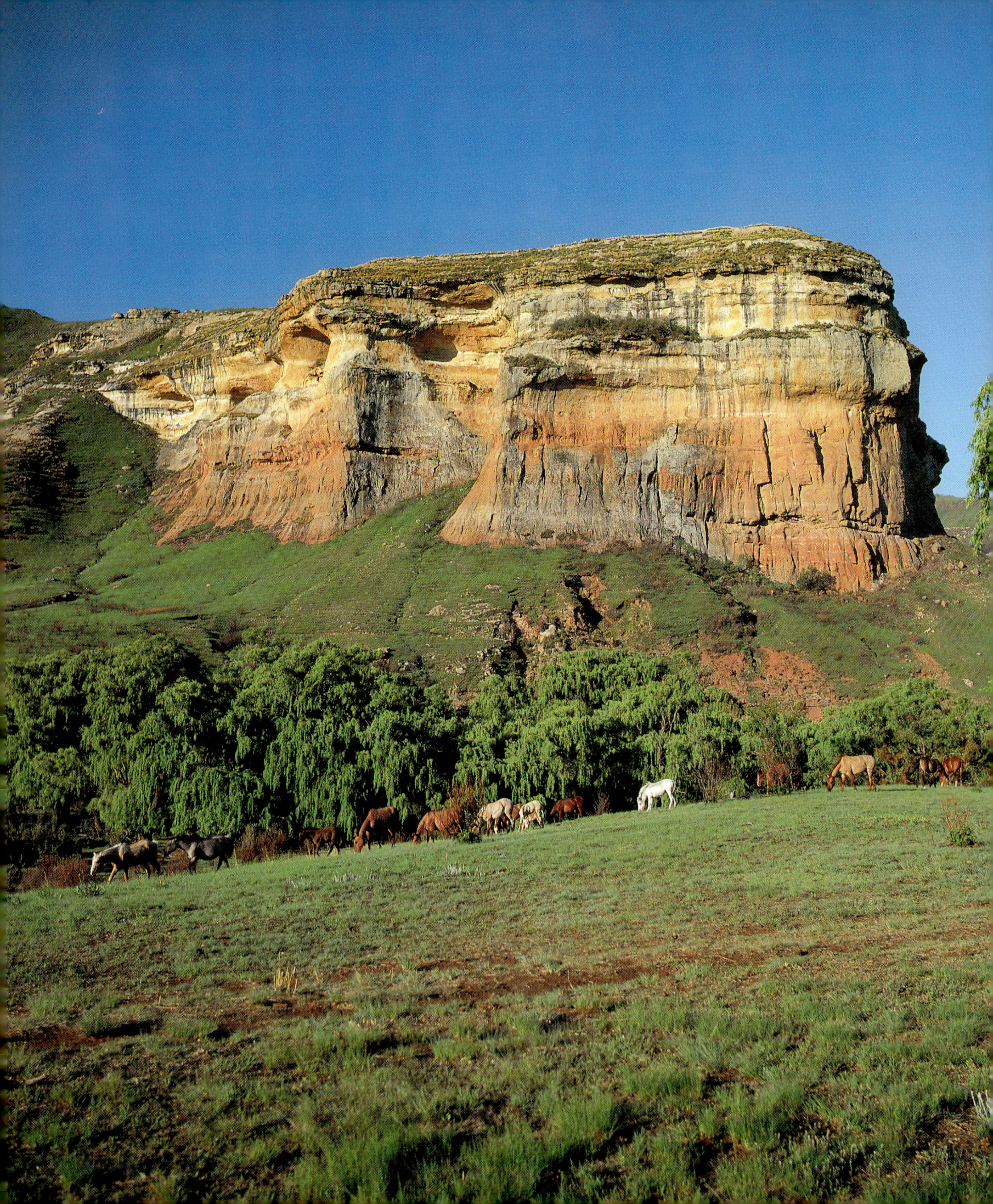

DAS HERRLICHE HOCHLAND

Die Blüten des Schmuckkörbchens (oben) leuchten in Natal und im Highveld bunt aus den Feldern und vom Straßenrand. Das annuelle, aus Mittelamerika stammende Kraut gehört zur Familie Compositae (oder Asteraceae), der größten Familie der Blütenpflanzen.

Schichtgestein (links) im Golden-Gate-Highlands-Nationalpark dient friedlich grasenden Pferden als Kulisse. Wenn man das Sediment auch als "Höhlen"-Psammit bezeichnet, bezieht man sich auf die vielen Höhlen und Nischen, die sich infolge der Verwitterung nach und nach am Fuße dieser Felsen bildeten. Hier fand der Mensch immer wieder eine Zuflucht, ja, vor bloß zwei Jahrhunderten bemalten Buschmänner noch diese Felswände.

DAS HERRLICHE HOCHLAND

Der seltene Bartgeier (*Gypaetus barbatus*)(links) sieht zwar einem Adler ähnlich, ist aber wie alle Geier Aasfresser und ernährt sich daher vorwiegend von Knochen und Aas. Der früher weitverbreitete Vogel kommt heute nur in den Drakensbergen, dem Hochland Lesothos und des östlichen Oranjefreistaats vor. Der Bartgeier, auch Lämmergeier genannt, weiß sich auf einmalige Weise beim Aufknacken großer Knochen zu helfen: aus weiter Höhe läßt er die Knochen mehrmals und so oft auf eine glatte Felsplatte hinabfallen, bis die Knochensplitter seinem Schnabel gerecht sind.

Im Royal-Natal-Nationalpark (rechts) ziehen Wanderer durch einen Hohlweg, um endgültig den herrlichen Blick auf die Drakensberge genießen zu können. Viele erkunden dieses Gebiet zu Pferde, während zu Fuß über 30 Pfade oder Kletterpartien zu bewältigen sind. Ein weiterer, beliebter Zeitvertreib ist der Forellenfang. Seinen "Titel" erhielt der Park 1947 nach dem Besuch der englischen Königsfamilie.

Der Felsenbussard (*Buteo rufofuscus*) (oben) ist in den Bergen weit verbreitet, und Besucher der Drakensberge können diesen starken Flieger kaum übersehen, wenn er wie üblich die Turbulenz am Rande der Gipfel zu seinem Vorteil ausnützt, um schwebend nach Beute auszuschauen.

76

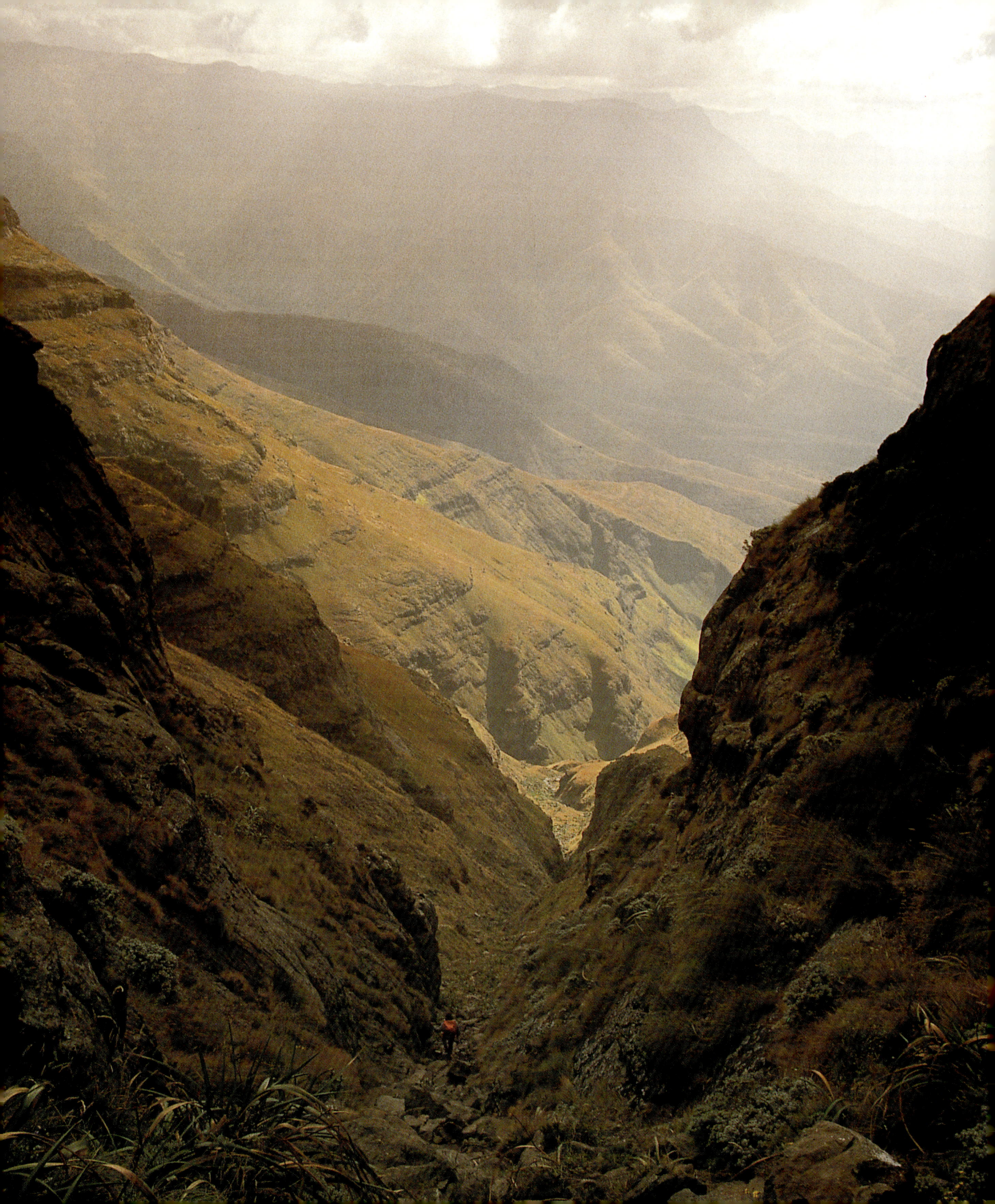

DAS HERRLICHE HOCHLAND

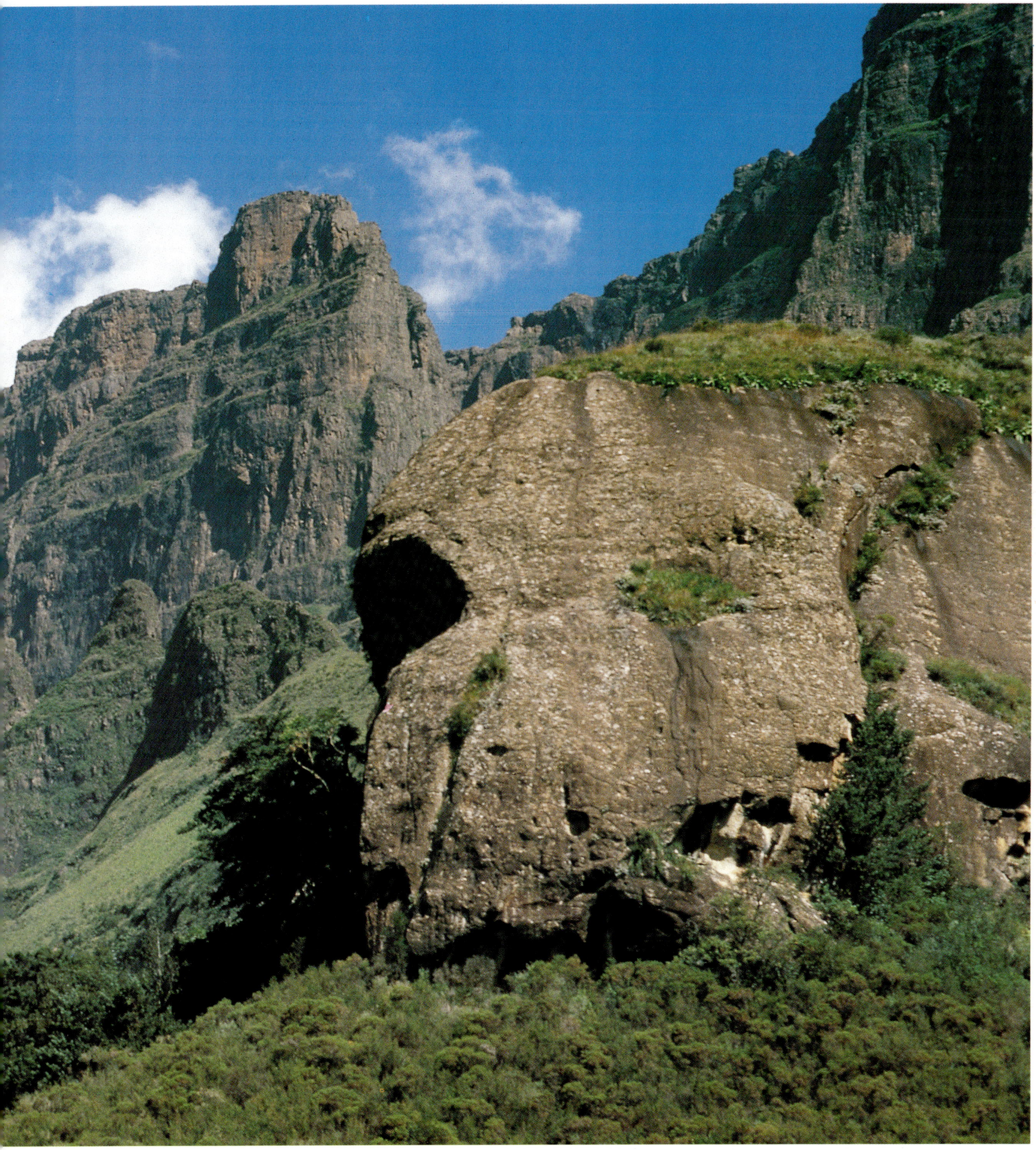

DAS HERRLICHE HOCHLAND

Die Felsmalerei der Buschmänner (oben) stellt oft Elenantilopen dar, da das Tier in der Folklore dieser Menschen eine besondere Rolle spielte. Von der Elenantilope erhielten sie nicht nur das Fleisch, sondern auch das Fell für Decken. Obwohl sich viele der Malereien schwer interpretieren lassen, handelt es sich in diesem Fall wohl um eine Jagdszene.

Wenn der Winter in den Drakensbergen (rechts) einsetzt, verfärbt sich das Grün des "Kleinen Bergs". In Natal werden die besonders kalten Winter des Hochlands häufig von Schneefällen begleitet.

Der Devil's Tooth (Teufelszahn) (vorherige Seite), ein bekannter Gipfel der Drakensberge, blickt auf die Schlucht des Tugela hinab. Nach vielen, fehlgeschlagenen Versuchen wurden die schroffen Felswände 1950 zum ersten Mal bezwungen.

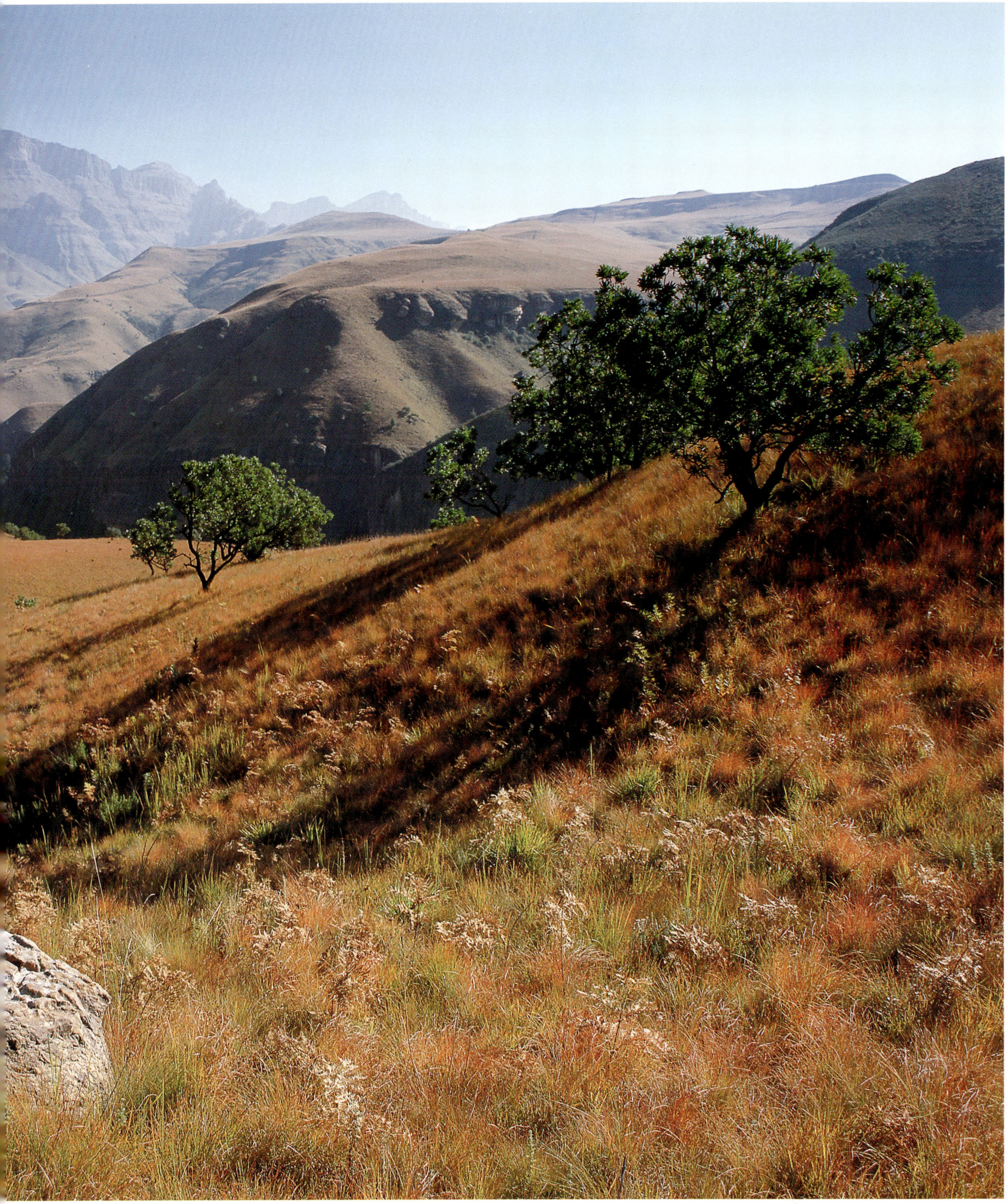

DAS HERRLICHE HOCHLAND

Der Cathkin Peak (oben), der 3182 Meter hoch ist, tritt aus den Wolken hervor. Vor vielen Jahren versuchten zwei ehrgeizige Bergsteiger, den Gipfel zu erstürmen. Siegessicher packten sie eine Flasche Sekt ein, um die Erstbesteigung zu feiern, doch schlug ihr Versuch fehl. Der Sekt lebt aber im Namen Champagne Castle fort, einem ungefähr drei Kilometer östlich von Cathkin gelegenen Gipfel.

Die Tugelafälle sprudeln von einer zerklüfteten Gesteinsstufe in den Drakensbergen in die Tiefe (rechts). Gemeinsam stürzen die fünf Wasserfälle 853 Meter hinab. Da eine der Stufen 411 Meter hoch ist, sind die Fälle die höchsten des südlichen Afrikas und sollen die zweithöchsten der Welt sein. "Tugela" heißt auf Zulu "was einen erschreckt", und bei Hochwasser trifft das gewiß auf den Fluß zu.

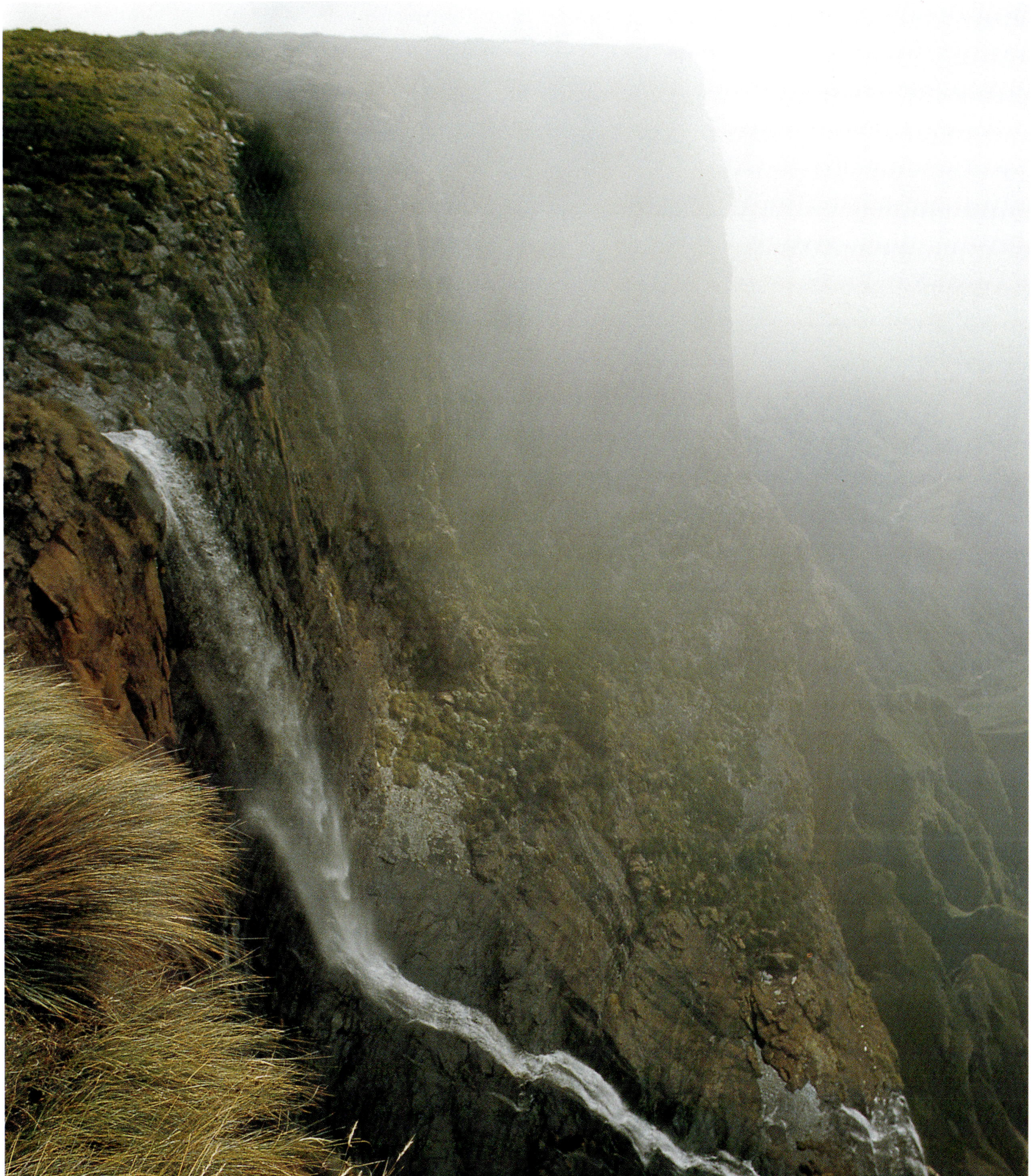

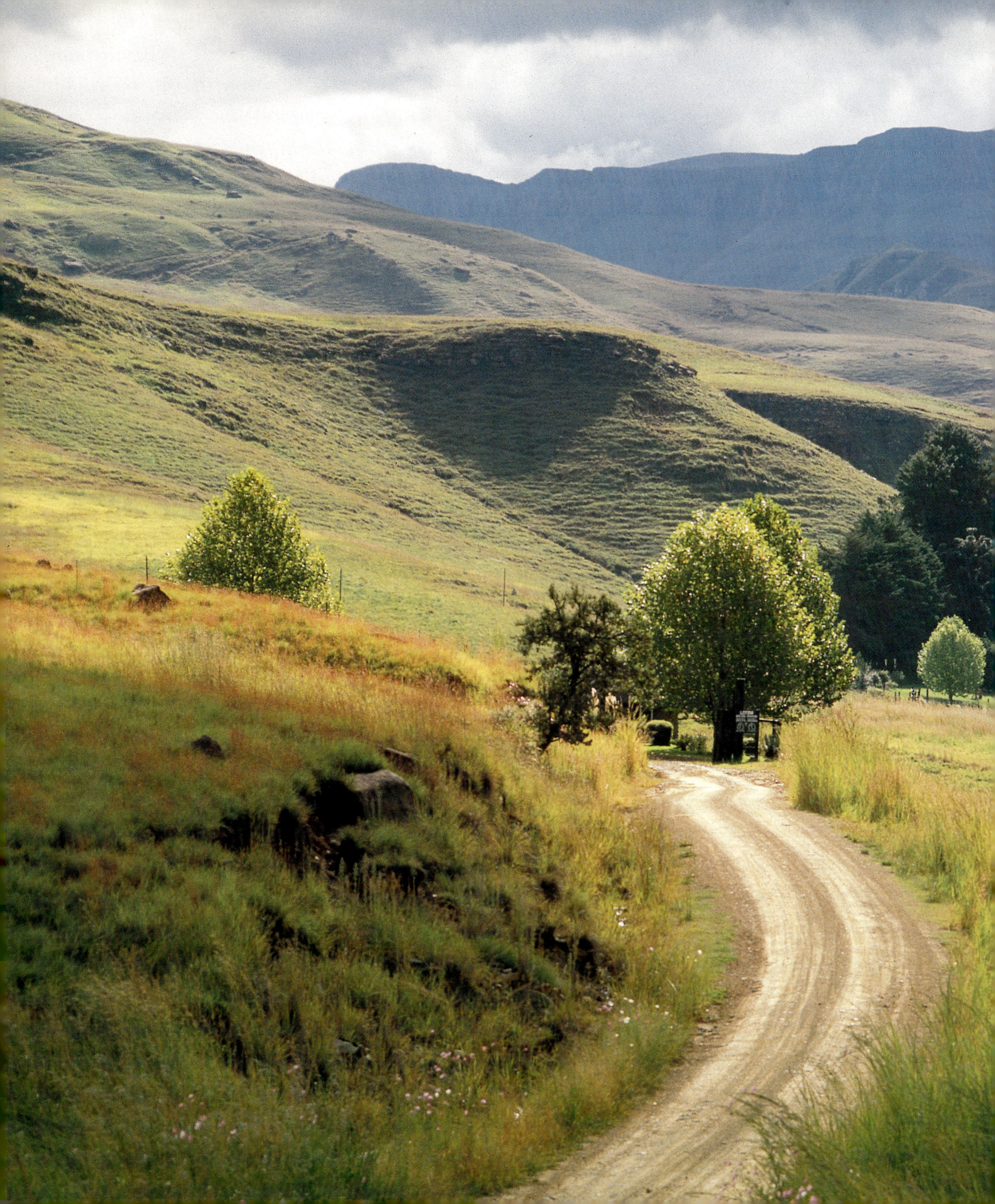

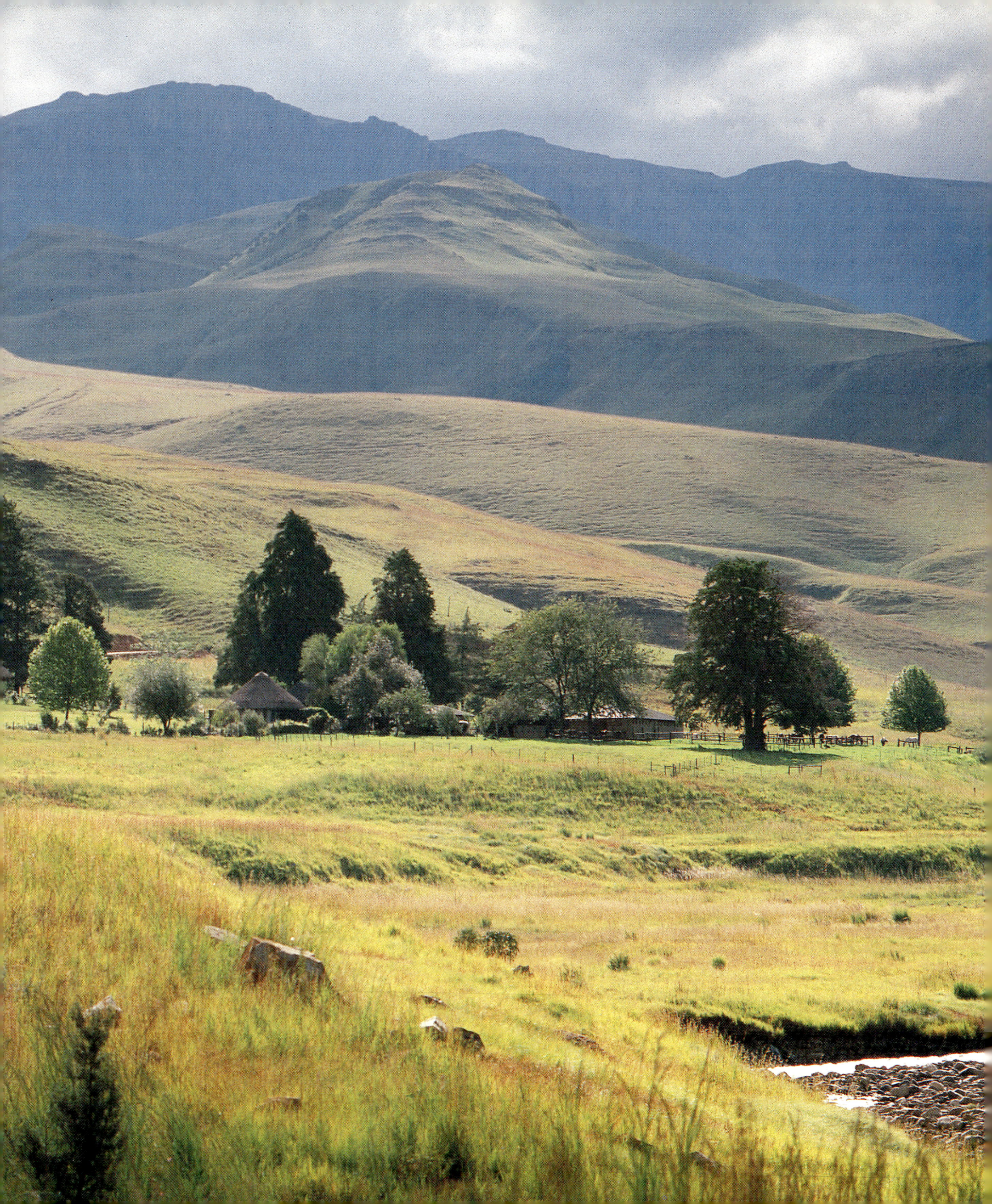

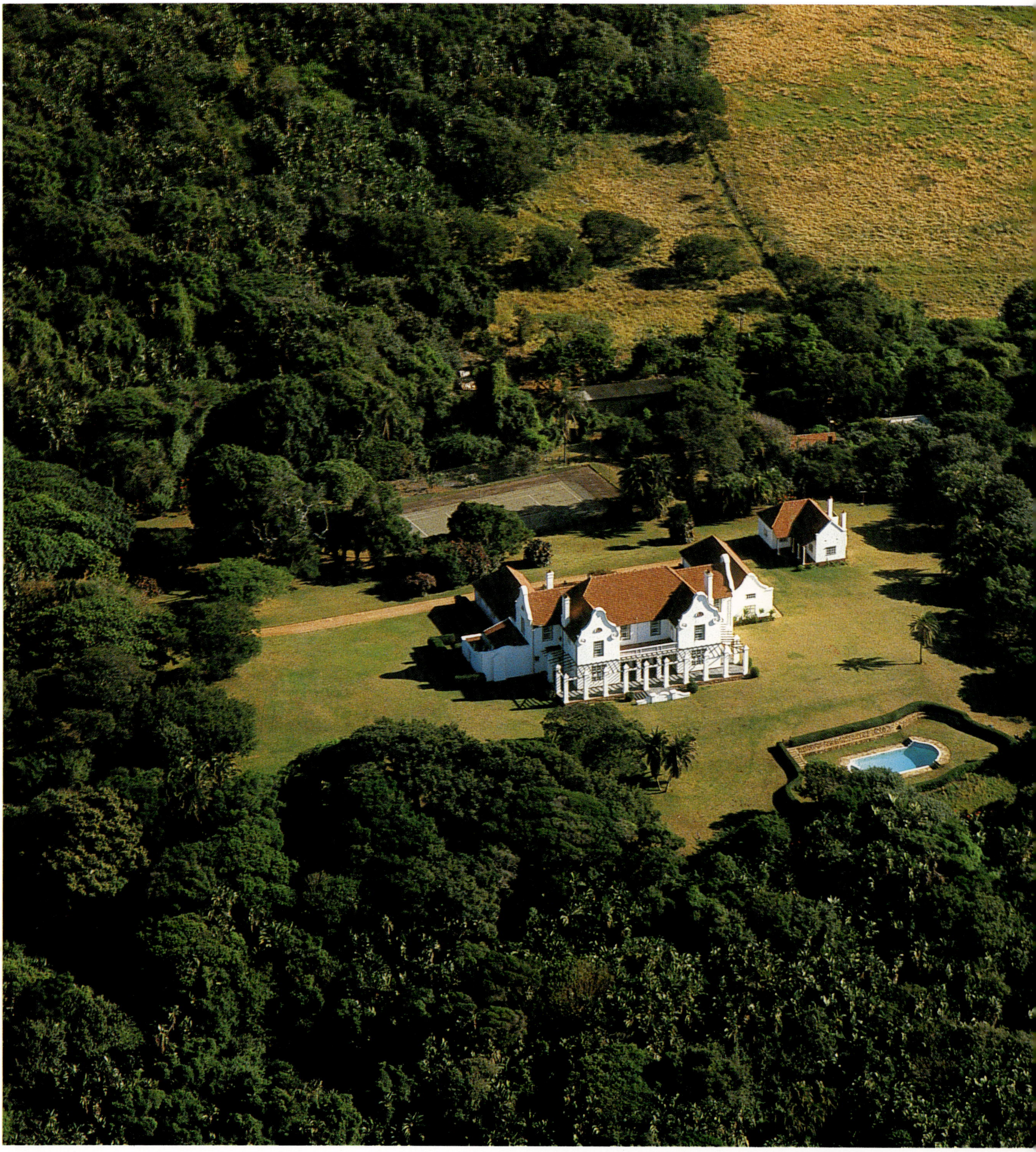

DAS HERRLICHE HOCHLAND

Der Pilot eines Ultraleichtflugzeuges (oben) betrachtet die Felder des hügeligen Hinterlands in Natal aus der Vogelperspektive.

Der Herrensitz auf einer Lichtung in Mittelnatal (links) erinnert an sein Pendant in England. Obwohl Natal eine Zeitlang eine Burenrepublik war, läßt sich das vorwiegend englische Erbe kaum verleugnen. Daher bezeichnet man die Provinz oft scherzhaft als "letzten Außenposten des Empires". Schon um 1820 gründeten einige Engländer infolge eines Vertrags mit dem Zulukönig Schaka an der Durbaner Bucht einen Handelsposten. Ungefähr 5 000 Siedler kamen um 1850 hier an, deren Einfluß man auch z.B. in Pietermaritzburg an der spätviktorianischen Architektur erkennt.

Im Loteni-Naturschutzgebiet (vorherige Seite) schlängelt sich ein stiller Weg in die Hügel. Hier am Fuß der majestätischen, zerklüfteten Gipfel der Drakensberge entdecken Angler an Forellenbächen ein wahres Paradies.

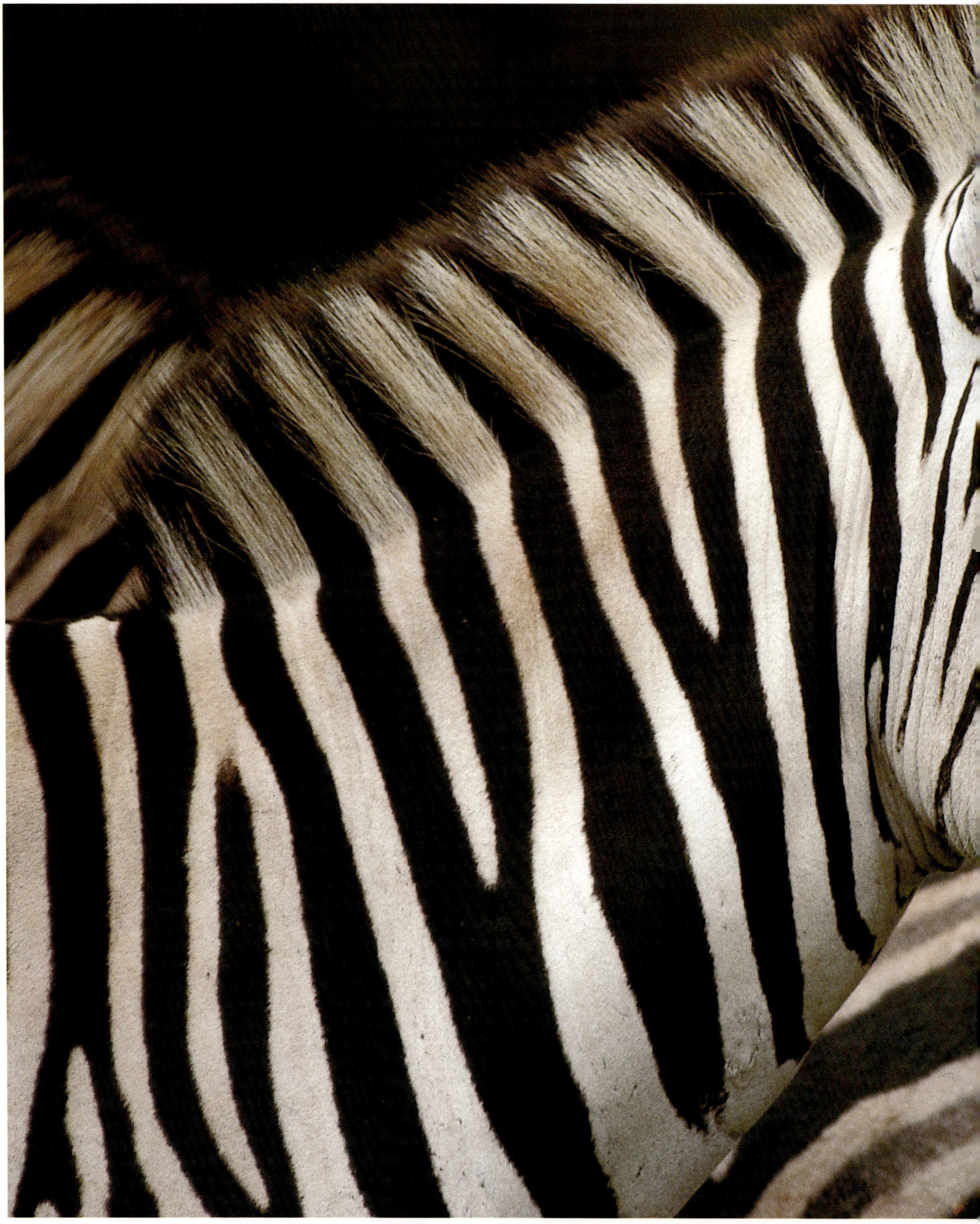

Zululand

DIE FAUNA UND FLORA NATALS, seine ererbte Wildnis und die traditionelle Heimat der Zulu, deren Name "Himmel" bedeutet, entdeckt man in Zululand. Hier liegen zwischen Land und Meer einige der herrlichsten Schutzgebiete des südlichen Afrikas. Manche verbinden romantische Namen mit der Vergangenheit, mit portugiesischen Pionieren, die den Rio de Medaos do Ouro — den Fluß der Golddünen — und das Gebiet um St. Lucia benannten. Zauberhaft sind auch die Bezeichnungen der Zulu: Dlinza oder Hlinza heißt "Ort der grabartigen Meditation", Sodwana "das Kleine ganz allein".

Maputoland grenzt im fernen Norden Zululands an Mosambik. Diese gewaltige, 9 000 Quadratkilometer große Wildnis erfreut sich außerordentlicher Schönheit und Vielfalt. Hier können Besucher in einigen Schutzgebieten auf Wunsch in Baumhäusern schlafen, sogar Schlaf- und Wohnräume befinden sich zwischen den Ästen. Auf Angler wartet entweder einer der größten Seen Südafrikas oder das Meer, auf das sie durch die Riffe mit ihren Motorbooten hinausfahren können.

Naturschützer betonen immer wieder, daß die Umwelt dieses subtropischen Paradieses äußerst gefährdet ist. 21 unterschiedliche, doch voneinander abhängige Ökosysteme schließen hier Strände, Sümpfe, Schwemmebenen und Wälder ein. In Zululand herrscht jedoch leider auch große Armut, es gehört also zu den dringlichsten Aufgaben der Politiker und Naturschützer, nicht nur das Los der Einheimischen zu verbessern, sondern auch ihre Umwelt zu schützen.

Das Burchell-Zebra (*Equus burchelli*), das in den Ebenen der Subsahara weit verbreitet ist, kann seine Verwandtschaft mit dem Pferd nicht verleugnen.

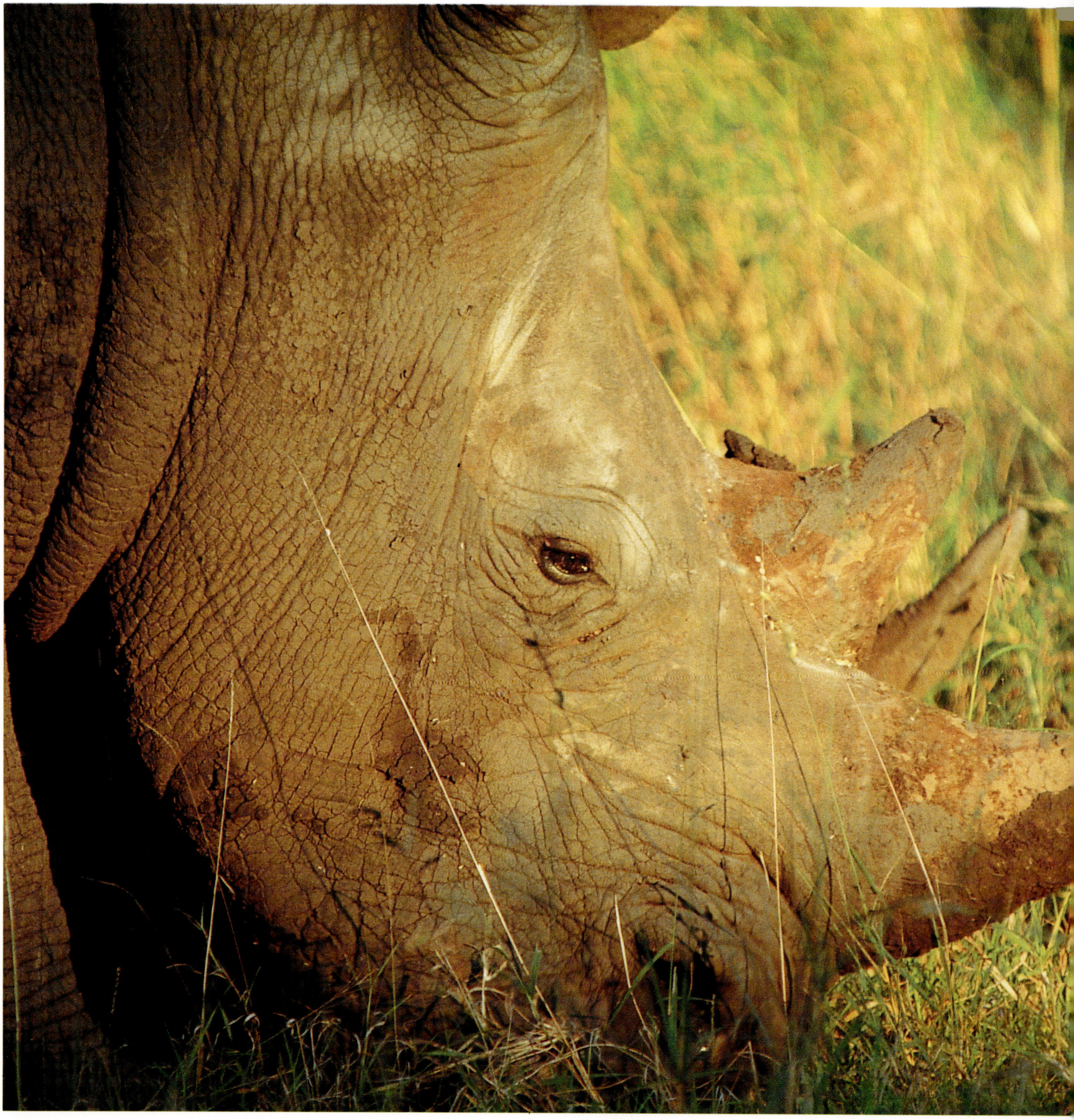

ZULULAND

Das Itala-Wildschutzgebiet gehört zu Natals Renommierstücken. Vom hübschen Feriendorf Ntshondwe (oben) aus blickt man auf das Wild an der Wasserstelle hinab.

Das Breitmaulnashorn (*Ceratotherium simum*) (links) muß in bezug auf seine Größe nur dem Elefanten den Vorrang geben. Zu Beginn dieses Jahrhunderts hatte man dieses "Weiße" Nashorn fast ausgerottet, nur der im Umfolozi-Wildschutzgebiet gehegte Bestand war verblieben. Dem begeisterten Einsatz einer Handvoll Wildwarte in Natal ist es zu verdanken, daß die Tiere sich vermehrten und man sie heutzutage "ausführt", damit sie überall ihre ehemaligen Reviere bewohnen können.

Der Name **Schwarzbauchtrappe** (*Eupodotis melanogaster*) trifft eigentlich nur auf das Männchen zu, da das Weibchen einen weißen Bauch hat. Diese Vögel fühlen sich in sumpfiger Umgebung mit niederen Gräsern vor Feinden am sichersten.

Zululand

Der Ruf des Schreiseeadlers
(*Haliaeetus vocifer*) (oben), ein
hallender Klagelaut, den er auch beim
Aufsteigen ausstößt, versinnbildlicht das
ungezähmte Afrika. Er verbringt den
Tag im Wipfel hoher Bäume und späht
über die Gewässer, um nach Fischen
auszuschauen, die sich zu nahe an die
Oberfläche wagen. Dann stürzt er auf
die Stelle hinab und greift die Beute,
fast ohne seinen Flug zu unterbrechen.
Auch in größerer Tiefe sind die Fische
nicht vor ihm sicher, da der kräftige
Greifvogel sie selbst dort mit seinen
starken Krallen schlagen kann.

Die Löwin und der Dornbaum
(rechts) sind den wärmenden
Sonnenstrahlen in einem Korridor
dankbar, der sich zwischen den
Wildschutzgebieten Umfolozi und
Hluhluwe erstreckt. Durch den ca. acht
Kilometer breiten Korridor werden diese
beiden — zweifellos bekanntesten —
Schutzgebiete Natals um weitere 21 000
Hektar vergrößert.

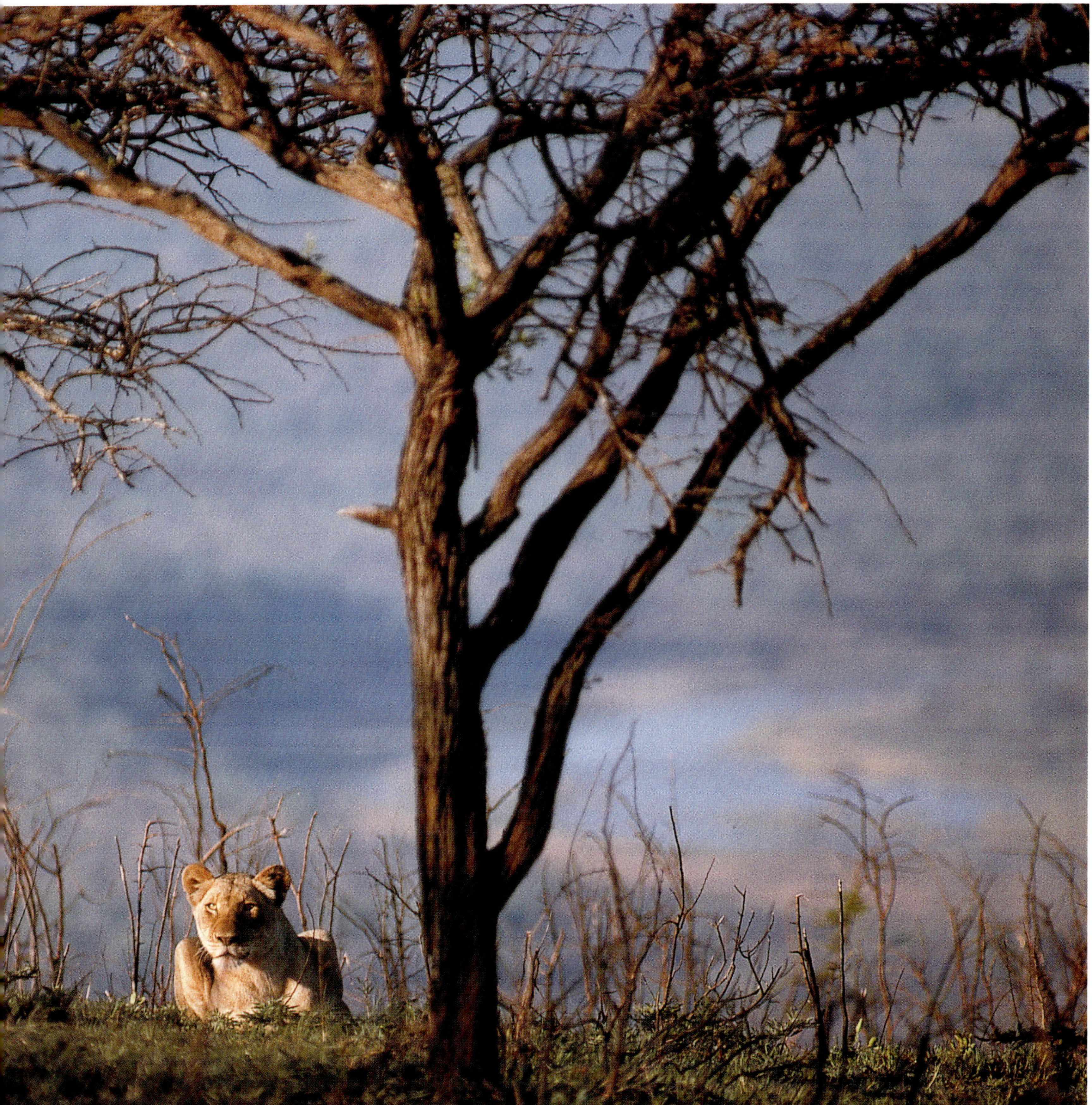

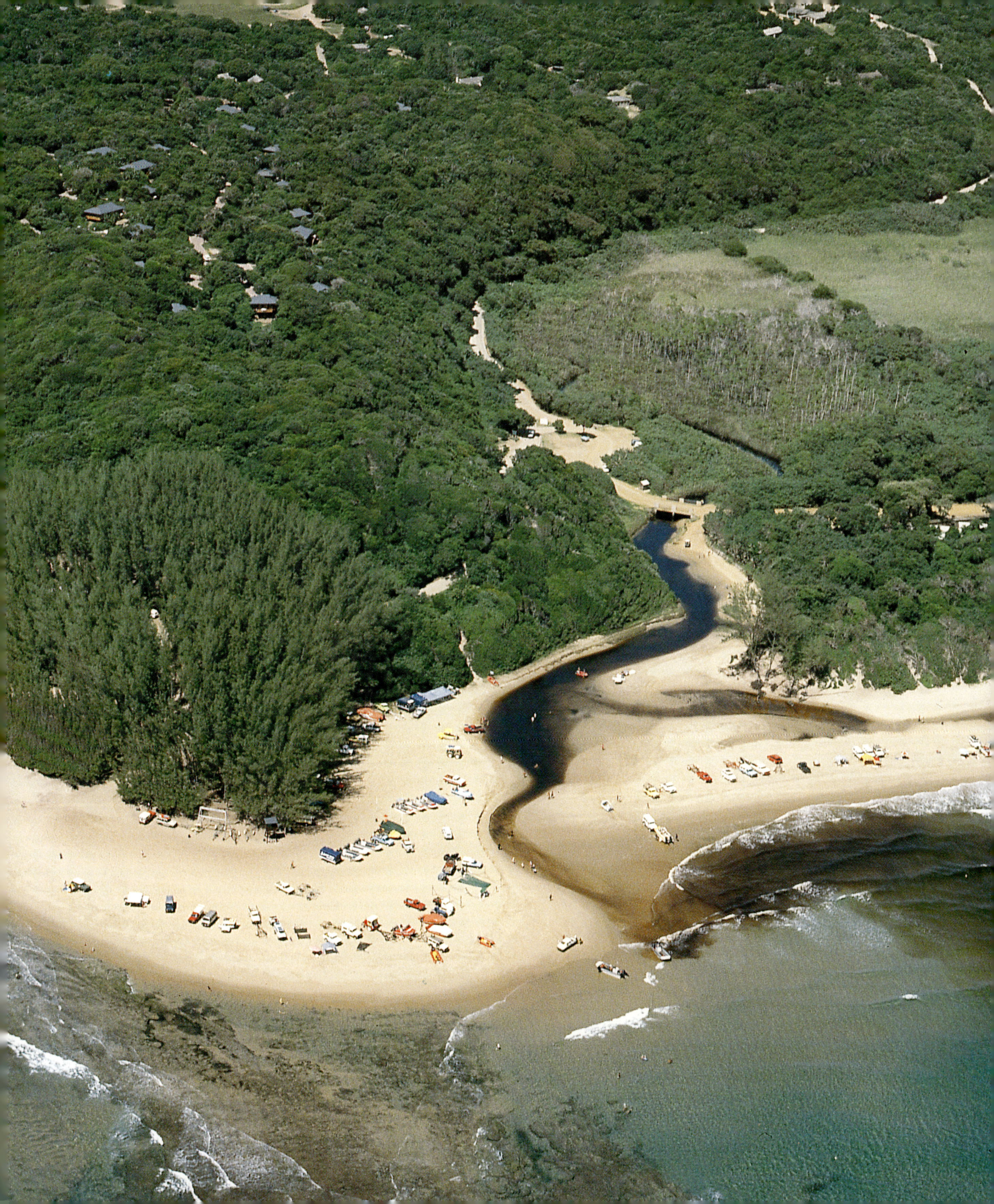

Der Sodwana-Bay-Nationalpark (gegenüber), wo das Süßwasser des Mgobeseleni-Sees im Schutze von Jesser Point ins Meer mündet, ist ein Anglerparadies. Glücklicherweise blieb dieses Schutzgebiet erhalten, denn es lagen bereits Pläne vor, hier einen Hafen zu bauen. Schließlich verlegte man das Projekt 120 Kilometer weiter nach Richards Bay im Süden, und die Angler und Taucher können sich wieder erwartungsvoll nach Sodwana aufmachen.

Die seltene Lederschildkröte (*Dermochelys coriacea*) (oben links) legt ihre Eier an einem Sandstrand nördlich von Sodwana Bay ab, nachdem sie mühsam mit den Vorderflossen ein Loch gegraben hat. Sie kann bis zu 120 Eiern legen, die sie vorsichtig mit Sand bedeckt, ehe sie wieder langsam zum Meer zurückkehrt. Nach 70 Tagen schlüpfen die Jungen bei Nacht, um den Angriffen der Krabben und Möwen zu entgehen.

Eine Krabbe (Familie *Xanthidae*) (links Mitte) am Kap Vidal, das am Ostufer St. Lucias gelegen ist. Diese schwerfälligen Krabben gebrauchen ihre starken Scheren, um die Schalen ihrer Beute aufzuknacken.

Die hübsche Prachtschmerle (*Amphiprion* spp.) (links), ein kleiner, bunter Fisch, ist in tropischen Gewässern weit verbreitet, wo sie sich in Seeanemonen versteckt. Durch eine komplizierte Symbiose ist der Fisch zwar teilweise gegen die Nesseln der Fangarme immun, doch "erkennt" die Anemone anscheinend auch ihren Anlieger, so daß ihm das Los anderer unerwünschter Gäste erspart bleibt.

ZULULAND

Ein junger, männlicher Buschbock
(*Tragelaphus scriptus*) (rechts)
verharrt sekundenlang beunruhigt, ehe
er in das Ufergestrüpp der False Bay
verschwindet. In diesem nördlichsten
Schutzgebiet St. Lucias befindet sich
die einzige Brutkolonie der
Rötelpelikane in Südafrika. Die
vorwiegend solitären Buschböcke ruhen
während der Tageshitze und äsen vom
späten Nachmittag bis in die Nacht.

Der Malachiteisvogel (*Alcedo
cristata*) (links) ist trotz seines bunten
Gefieders schwer zu entdecken, wenn er
reglos auf einem schattigen Ast sitzt. Er
stürzt blitzschnell auf seine Beute
hinab, die aus kleinen Fischen,
Kaulquappen und Insekten besteht.
Sein Nest baut er in einen Gang, den er
an Flußufern mit seinem langen,
spitzen Schnabel ausgegraben hat.

Ein Laubfrosch (*Hyperolius
marmoratus*) (links), der höchstens
drei Zentimeter lang wird, lugt
vorsichtig aus dem Blattwerk hervor.
Diese Frösche sammeln sich in großer
Zahl um Dauergewässer, und wenn
einige Hundert gemeinsam trillernd
rufen, ist der Lärm fast
ohrenbetäubend.

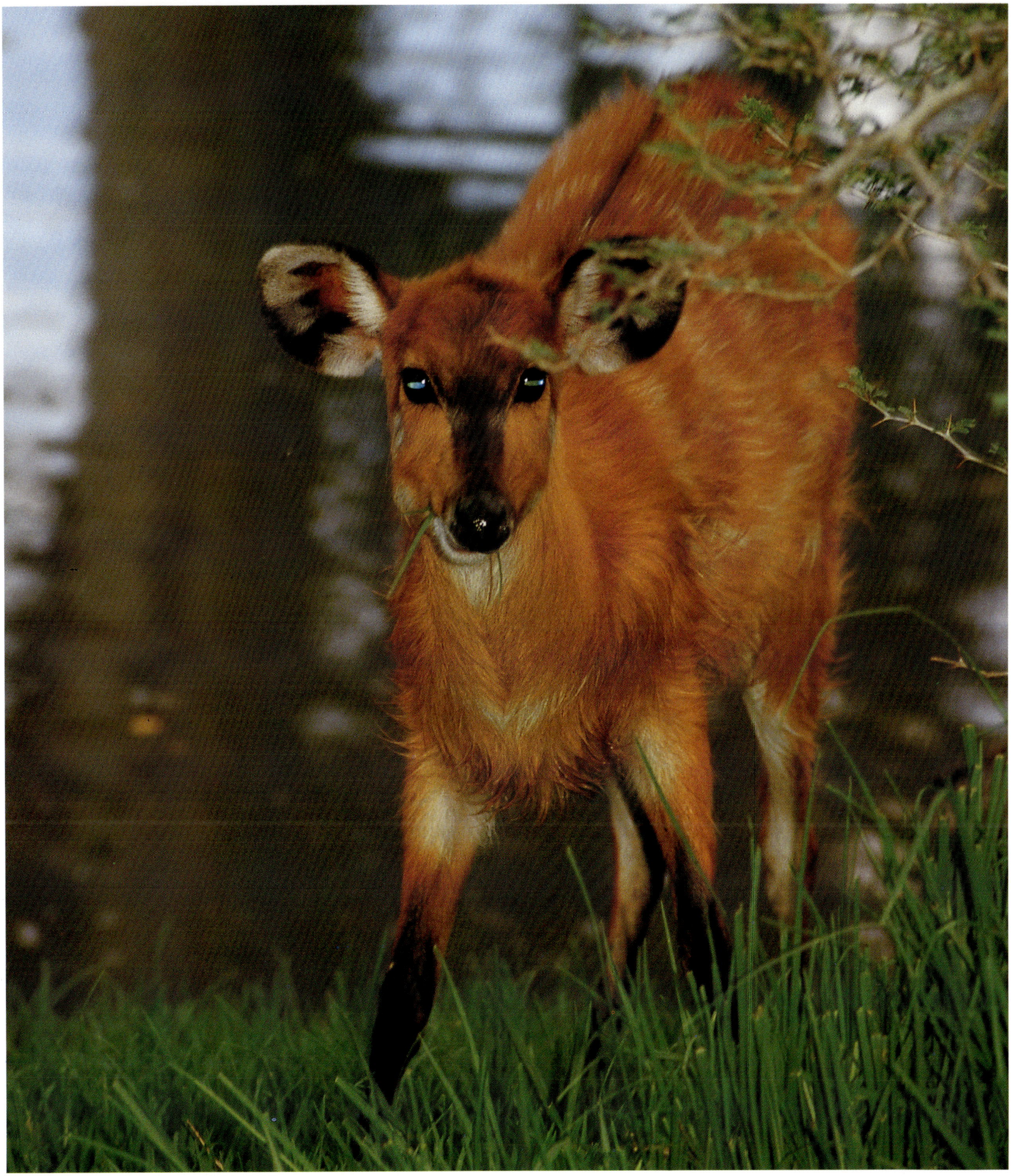

ZULULAND

Angler in St. Lucia (oben) beim Anglerlatein, während sich in der Dämmerung ihre Angelschnur spannt. Die weitaus beliebteste Sportart Südafrikas macht bei dem hiesigen Fischreichtum besonderen Spaß.

Flußpferde in St. Lucia (links), deren Köpfe kaum aus dem seichten Wasser stecken, genießen ein Schlammbad beim Sonnenuntergang. Sobald die Dunkelheit einsetzt, begeben sie sich an das Ufer, wo jedes dieser Tiere nächtlich fast 180 Kilogramm Pflanzen vertilgt.

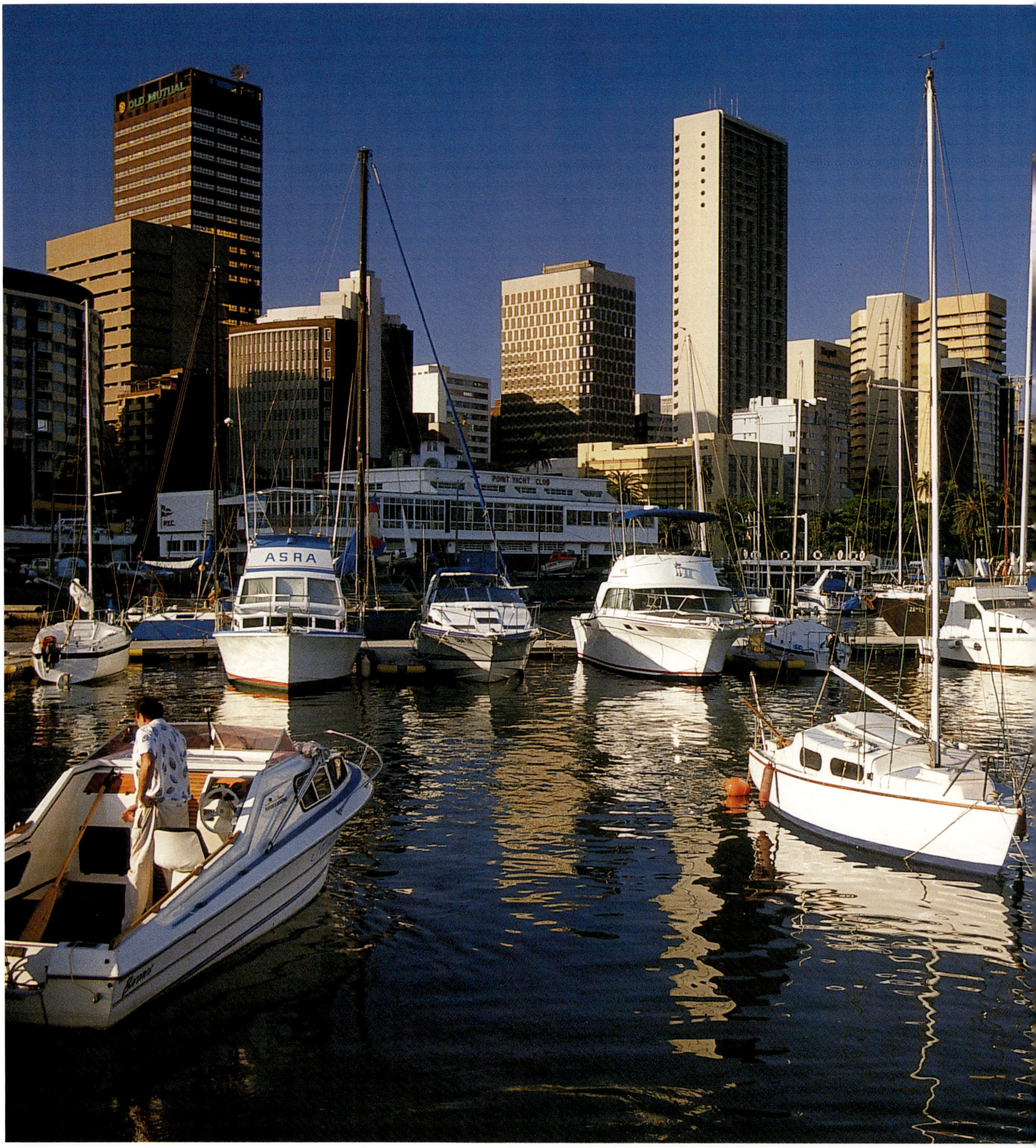
OLD MUTUAL
POINT YACHT CLUB
ASRA

SCHMELZTIEGEL DER VÖLKER

DURBAN, PIETERMARITZBURG UND DIE ERHOLUNGSGEBIETE. Mancher versteckte Winkel Natals erinnert an das Empire, hier und da bemerkt man sogar erstaunt den Union Jack. Ehe Südafrika 1961 zur unabhängigen Republik wurde, stellte man — teilweise recht ernsthafte — Vermutungen über die mögliche Abspaltung Natals an, das sich angeblich auf diese Weise der fortgesetzten Verbundenheit mit dem British Commonwealth of Nations versichern wollte.

Natal verfügt jedoch nicht nur über ein britisches Erbe. Siedler aus Indien und deren Nachfahren ließen sich hauptsächlich um Durban und Pietermaritzburg nieder. Ihre Kleidung machte noch nicht zu viele Zugeständnisse an den Westen, während sich der östliche Einfluß in der Archtektur nicht verleugnen läßt. Auch die Voortrekker hinterließen ihre Spuren, denn das älteste Haus der Provinzhauptstadt Pietermaritzburg wurde von einem dieser Pioniere erbaut. In Natal sind jedoch vor allem die über sechs Millionen Zulu beheimatet, die größte Sprachgruppe des Landes.

Durban ist zwar in erster Linie "Urlaubsort", doch hat es auch den geschäftigsten Hafen und einen erheblichen Anteil an der Industrie Südafrikas. Zwei Landspitzen, im Norden der "Point", im Süden das sandige, buschbestandene "Bluff", beschützen die Bucht, an der Durban gelegen ist. Das Stadtzentrum befindet sich an dem äußerst schmalen Küstensaum, doch gegen die vornehme Vorstadt Berea hin beginnt das Gelände steil anzusteigen, geht in eine scheinbar endlose Hügellandschaft und endlich die gewaltigen Drakensberge über.

Die hohen Masten in Durbans Jachthafen (links) können es kaum mit den aufragenden Gebäuden des Stadtkerns aufnehmen. Nahe der Hochhäuser standen die Hütten aus Lehmflechtwerk, die die ersten weißen Siedler 1824 mit Schakas Genehmigung erstellten.

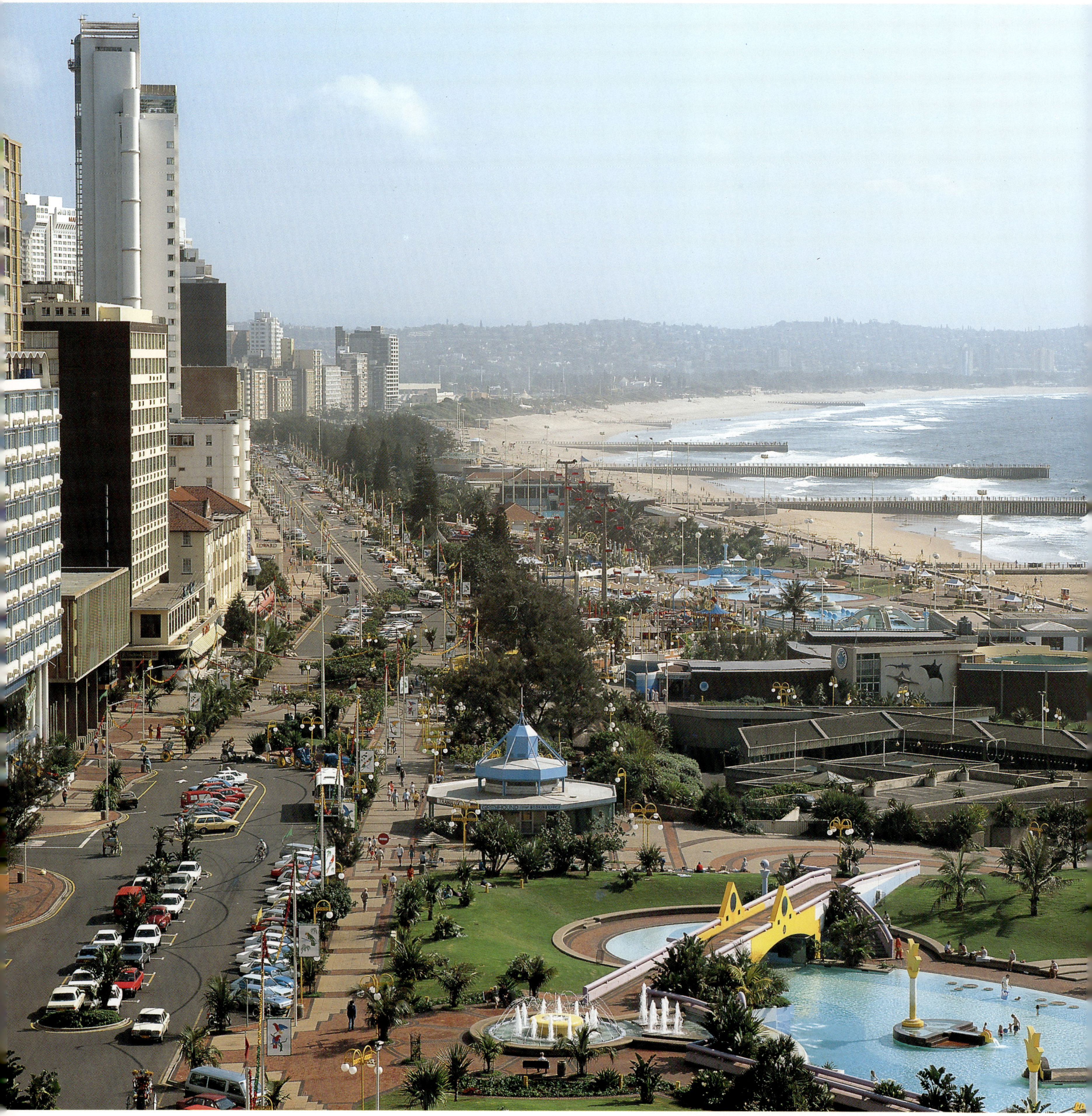

SCHMELZTIEGEL DER VÖLKER

Durbans Goldene Meile (links) mit ihrer scheinbar endlosen Reihe Strandhotels. Das würdevolle, an die Kolonialzeit erinnernde Hotel "The Edward" wechselt sich mit auffallenderen Gebäuden aus Glas und Beton ab, wie das "Elangeni" und das "Maharani", wo selbst der Portier ein Sikh ist. Ebenfalls am Strand befindet sich der Jahrmarkt im Vordergrund, über dem man eine Schwebebahn angelegt hat.

Ein Wellenreiter geht an einem Durbaner Strand in die Luft (oben). Die erfahrensten Sportler kann man ganzjährig vor dem Schlangenpark in den Wellen beobachten, doch behaupten die Ortsansässigen, im Mai seien die Bedingungen am günstigsten.

Ein Großer Tümmler (*Tursiops truncatus*) (oben rechts) im "Sea World", einem Gebäudekomplex, der ein Aquarium und ein Delphinarium einschließt. Hier geben sich nicht nur Einheimische und Besucher immer gern ein Stelldichein, in seinem Institut finden auch wichtige Studien auf dem Gebiet der Meeresbiologie statt.

104

SCHMELZTIEGEL DER VÖLKER

Ein Rikschaführer (links) mit farbenprächtigem Perlenschmuck, den der aufwendige, mit Hörnern versehene Kopfschmuck krönt. Rikschas — früher das wichtigste Transportmittel — führte man 1893 aus Japan ein. 1904 waren nicht weniger als 2 000 Zulumänner als Rikschaführer zugelassen. Zwar hat sich die Zahl inzwischen erheblich verringert, doch ist eine Rikschafahrt an Durbans Strand für Besucher unerläßlich.

Vielfarbige Gewürze (rechts oben) werden auf dem Markt in Durban angeboten und fachmännisch gemischt.

Blumensträuße (rechts unten) und die Stände eines Flohmarkts beleben an einem Samstagmorgen Durbans Stadtbild. Die nahegelegenen Lokokomotivschuppen hat man einfallsreich in ein elegantes Einkaufszentrum verwandelt, das den passenden Namen "The Workshop" (Werkstatt) trägt.

105

SCHMELZTIEGEL DER VÖLKER

Das Pietermaritzburger Rathaus
(oben) soll das größte
Backsteingebäude der südlichen
Halbkugel sein. Neben den bemalten
Glasfenstern hat es einen ungefähr 47
Meter hohen Uhrenturm. In einem
anderen vornehmen Bau trat in der
Kolonialzeit die Legislative zusammen,
während das "Government House"
später zur pädagogischen Hochschule
wurde.

In Durbans elegantem Rathaus
(rechts), das 1910 fertiggestellt wurde,
ist nicht nur die Stadtverwaltung,
sondern auch eine Bücherei, ein
Museum und eine Galerie
untergebracht. Unter den Standbildern
in der Nähe befindet sich ein
ungewöhnliches der Königin Viktoria,
das sie als junge Dame darstellt.

106

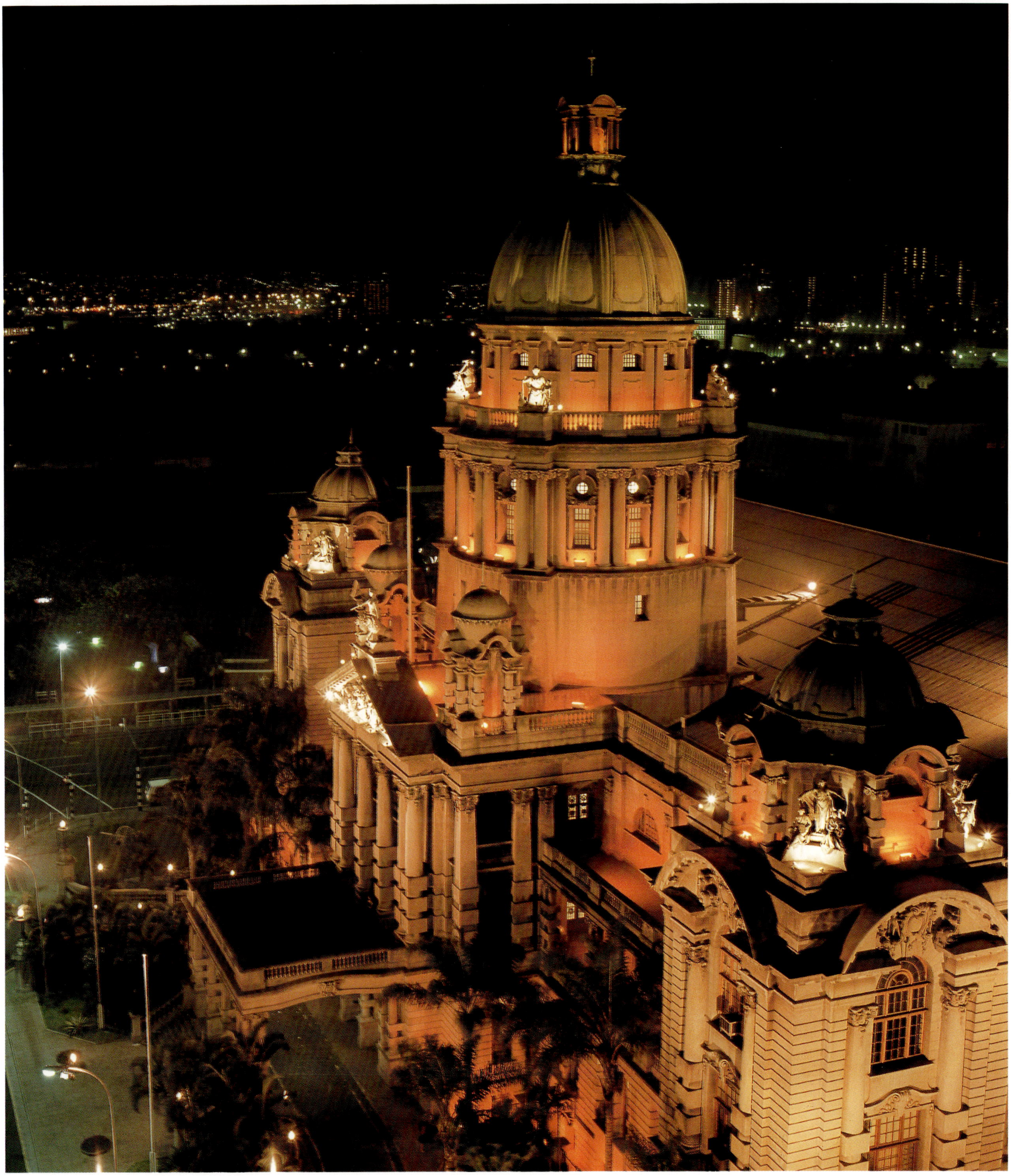

SCHMELZTIEGEL DER VÖLKER

Farbenprächtige Saris (rechts), die den Reiz der Trägerin erhöhen, werden hier mit anderen exotischen Stoffen in einem indischen Geschäft in Durbans Grey Street angeboten. Viele indische Hindus und Muslime kamen im 19. Jahrhundert als Arbeiter der Zuckerindustrie nach Natal. Die in Indien noch immer äußerst strenge Kastenordung spielt im heutigen Südafrika keine wesentliche Rolle mehr.

Die rosa Blüten der Frangipani (links), eines der zahlreichen tropischen und subtropischen Gewächse, die im warmen, feuchten Klima Natals gedeihen. Durbans Botanischer Garten mit seinen blühenden Bäumen, dem Seerosenteich, Herbarium und Orchideenhaus zeugt von dieser außerordentlichen Vielfalt.

Die goldene Kuppel der Jumma-Moschee in Durban (links unten) überragt das Minarett, von dem der Muezzin gläubige Muslime zum Gebet herbeiruft. Nach Absprache werden Besucher in Moscheen und Hindutempeln zugelassen, doch muß man die Schuhe entfernen, ehe man den geweihten Boden betritt.

BENARES £495
BENARES £495
BENARES £495
BENARES £495
BENARES £495
BENARES £495

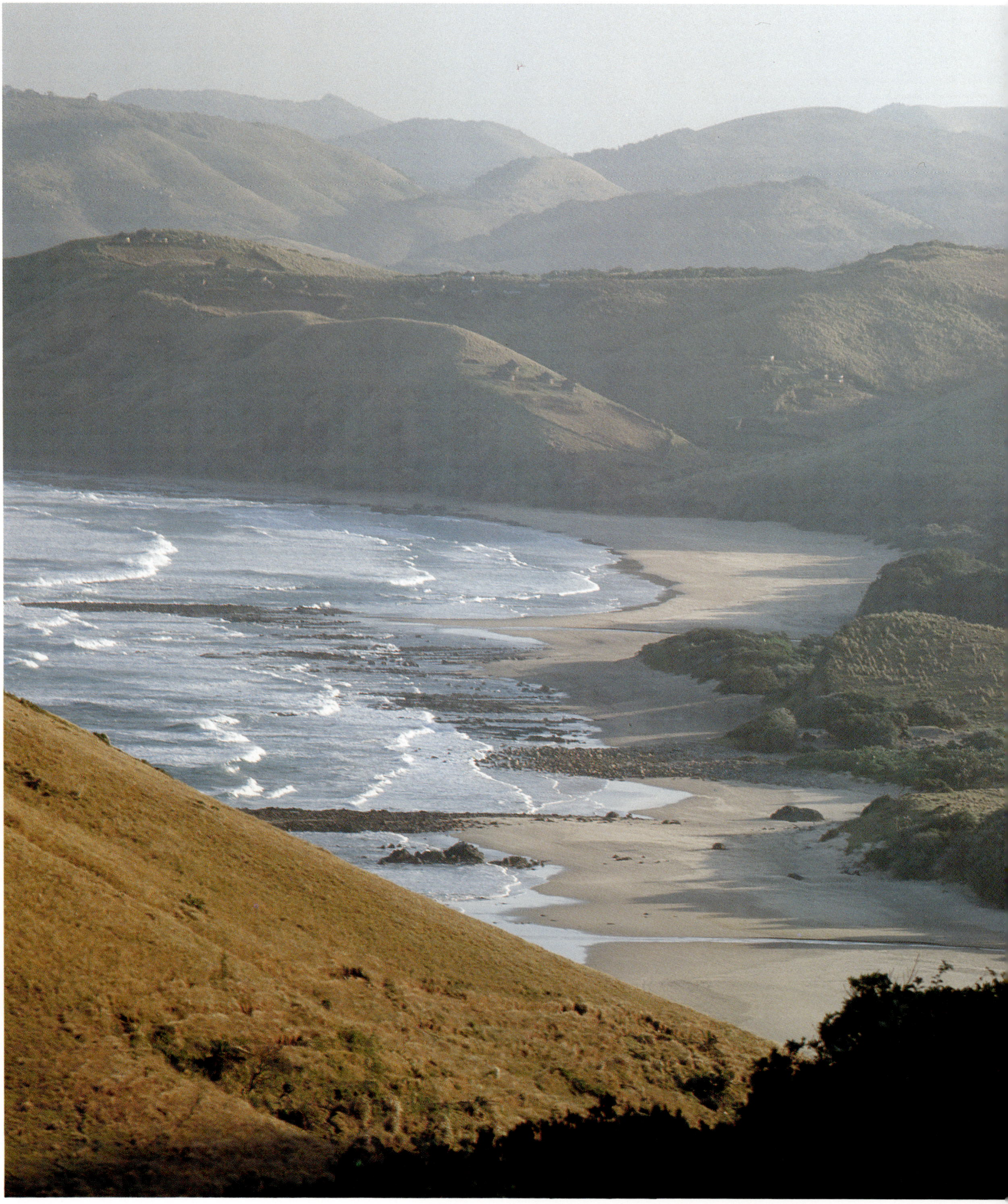

Auf zum Paradies des Südens

DIE WILDE KÜSTE, OSTKAPLAND UND DIE GARTENROUTE. Lange Strände und felsige Landspitzen kennzeichnen die südafrikanische Ostküste, das zeigt die einsame Wilde Küste Transkeis am deutlichsten. Die sich von den westlichen Ausläufern der Drakensberge zur Küste hinziehenden Täler und Hügel gehen oft jäh in steile Kliffe und felsige Landspitzen über. So erklärt sich das "Wilde" der Küste, an der zwischen See und Strand herrliche Formationen wie Hole-in-the-Wall (Loch-in-der-Wand) und Waterfall Bluff entstehen konnten, wo die Flüsse direkt in die stürmische Brandung stürzen. Riesige Felsenriffe, die kaum während der Flut bedeckt sind, ragen tief ins Meer hinein. Angler entdecken hier zwar ihr Paradies, doch zerschellten seit dem 16. Jahrhundert bis zum heutigen Tag schon viele Schiffe an der Küste.

Recht primitive, holperige Wege führen zu den Buchten und Küstendörfern, denn die Hauptverkehrsstraße wendet sich landeinwärts an den auf Anhöhen gelegenen Dörfern vorüber, kehrt dann bei East London zum Meer zurück, ehe sie eine große Schleife nach Grahamstown macht. Eine weitere Straße, die East London direkt mit Port Elizabeth verbindet, hält sich näher an die Küste und führt an wunderschönen Ästuaren, Lagunen und Port Alfred vorbei.

Etwas weiter im Westen gelangt man zu einem der herrlichsten Gebiete des Landes, wo sich Gebirge, Wälder und Gewässer zur Gartenroute vereinen. Ein Reisender fand hier im 19. Jahrhundert das Land, "darin Honig fließt".

Bei dem Blick auf eine charakteristische Küstenlandschaft der Transkei (links), verbirgt die einmalige Schönheit der Natur oft die große Armut der Gemeinschaften im hügeligen Hinterland.

AUF ZUM PARADIES DES SÜDENS

Ein Junge in der ländlichen Transkei (rechts). Es obliegt häufig den Jungen, die Rinder des Vaters zu hüten, daher sieht man am Straßenrand oft große Herden, vor denen die kleinen Hirten fast verschwinden.

Diese Xhosafrau (links) trägt lebende Hühner auf ihrem aufwendigen Turban, der sie als angesehene Matrone ihrer Gemeinschaft ausweist. Durch Akkulturation verdrängt die westliche Kleidung eine rein traditionelle Tracht immer mehr, von entfernten Gebieten und Zeremonien allerdings abgesehen.

112

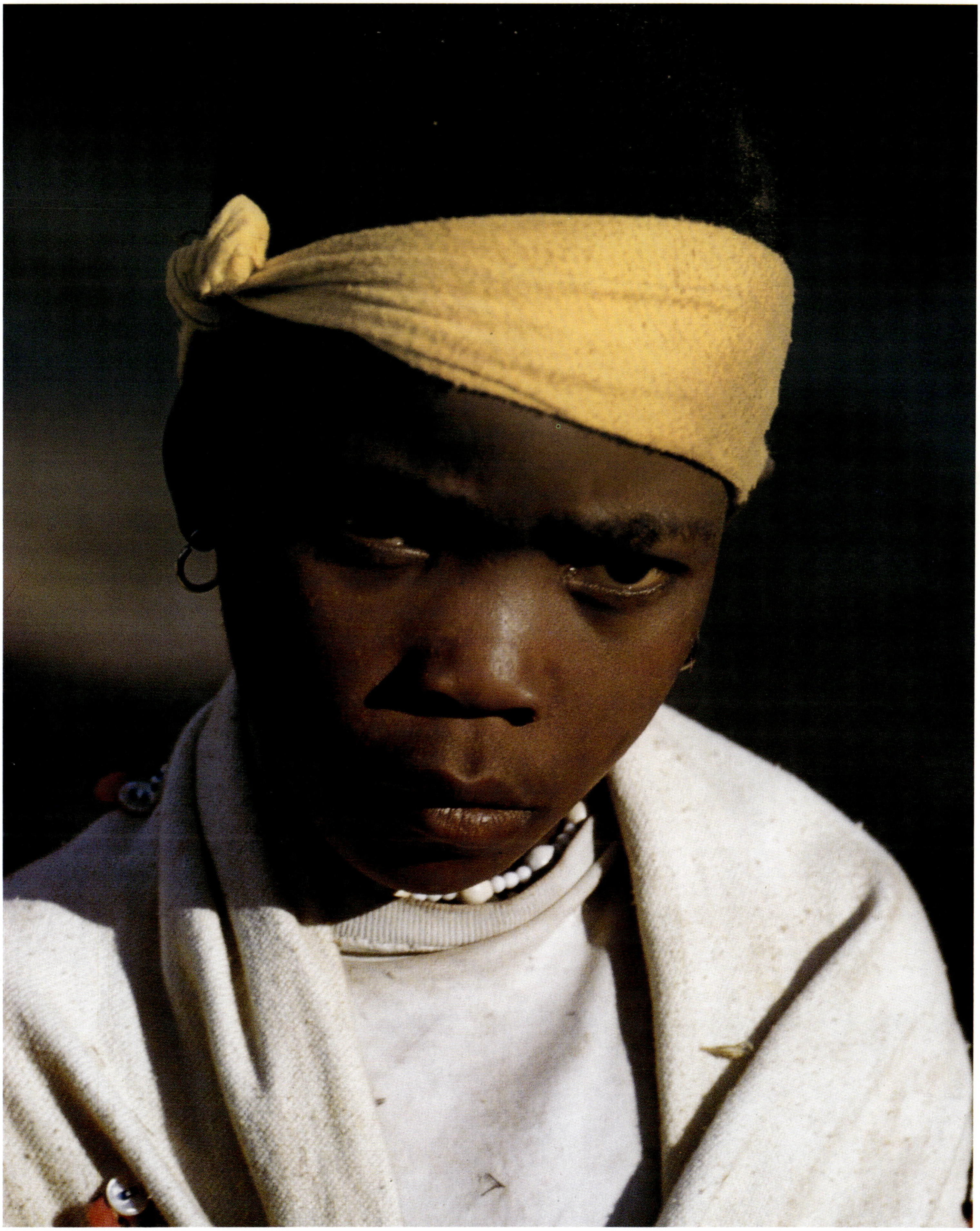

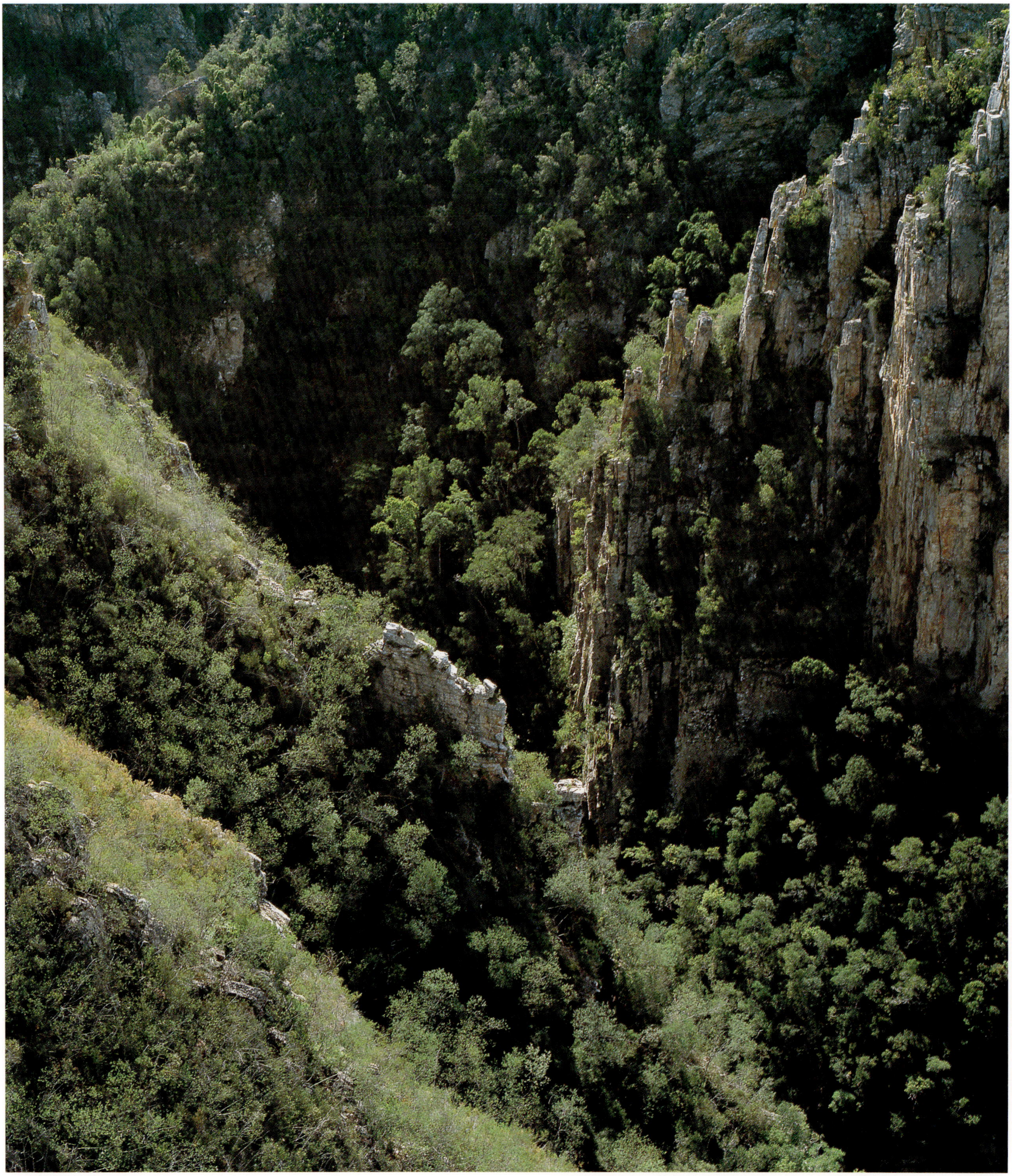

AUF ZUM PARADIES DES SÜDENS

Naturwälder klammern sich an die verwitterte Felsenschlucht (links) des Bobbejaans (Pavians) River im Tsitsikammawald der Gartenroute.

Eine neue Überlandstraße und Brücken wie die (oben) abgebildete, machen die Fahrt durch den Tsitsikammawald zum Vergnügen. Die erste "moderne" Brücke entstand 1956 ungefähr 137 Meter über dem Storms River. Die alten Bergstraßen führten durch tiefe Schluchten in die Wälder.

Die herrliche Tsitsikammaküste (rechts) liegt innerhalb eines Nationalparks, der Wald und Meer hegt. Viele Wanderpfade laden tatkräftige Besucher dazu ein, die Naturschönheit des Südkaplands aus unmittelbarer Nähe zu erleben.

Auf zum Paradies des Südens

Der moderne Ferienkomplex auf der Beacon Isle (oben) bei Plettenberg Bay steht auf dem Gelände einer ehemaligen, norwegischen Walfangstation, und einige der großen, eisernen Kessel zum Kochen des Walfischspecks sind noch immer zu sehen. Das Inselchen am Piesang (Banane) River wurde nach einer 1772 errichteten Holzbake benannt, der Fluß nach den hier gedeihenden Wilden Bananen (*Strelitzia alba*).

Dank seiner breiten Strände (rechts), seiner Lagunen und des bewaldeten Hinterlands ist Plettenberg Bay ein beliebtes Urlaubsziel. Die frühen portugiesischen Forscher nannten es *Bahia Formosa*, "schöne Bucht", während die Einheimischen die Bezeichnung Tsitsikamma oder "glänzendes Wasser" gebrauchten und sich somit wohl auf das Meer und die vielen Flüsse bezogen.

Die bewaldeten Ufer der Knysna-Lagune (umseitig) trennen sich an "The Heads", zwei Sandsteinkliffen, die die Öffnung zum Meer bewachen.

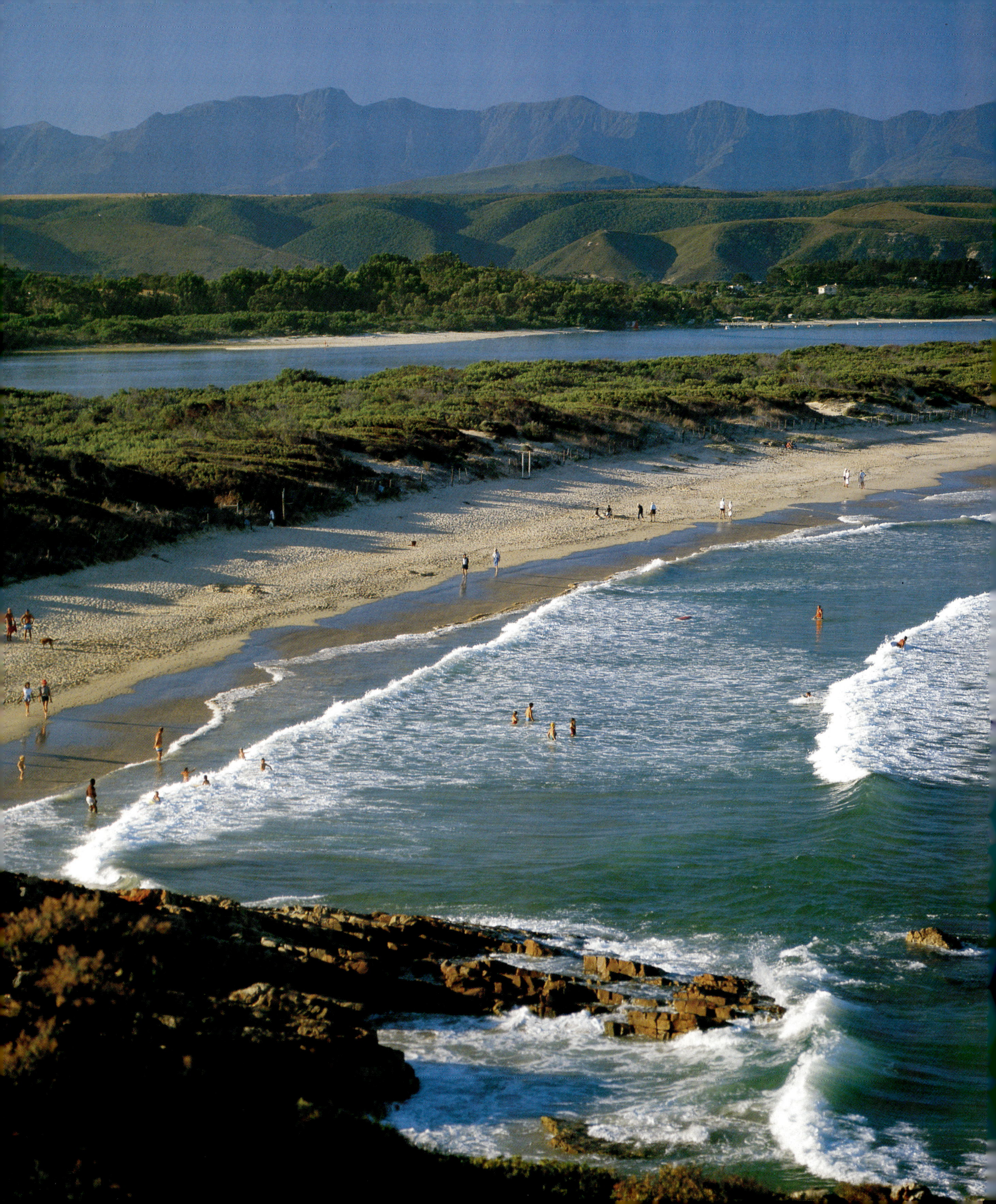

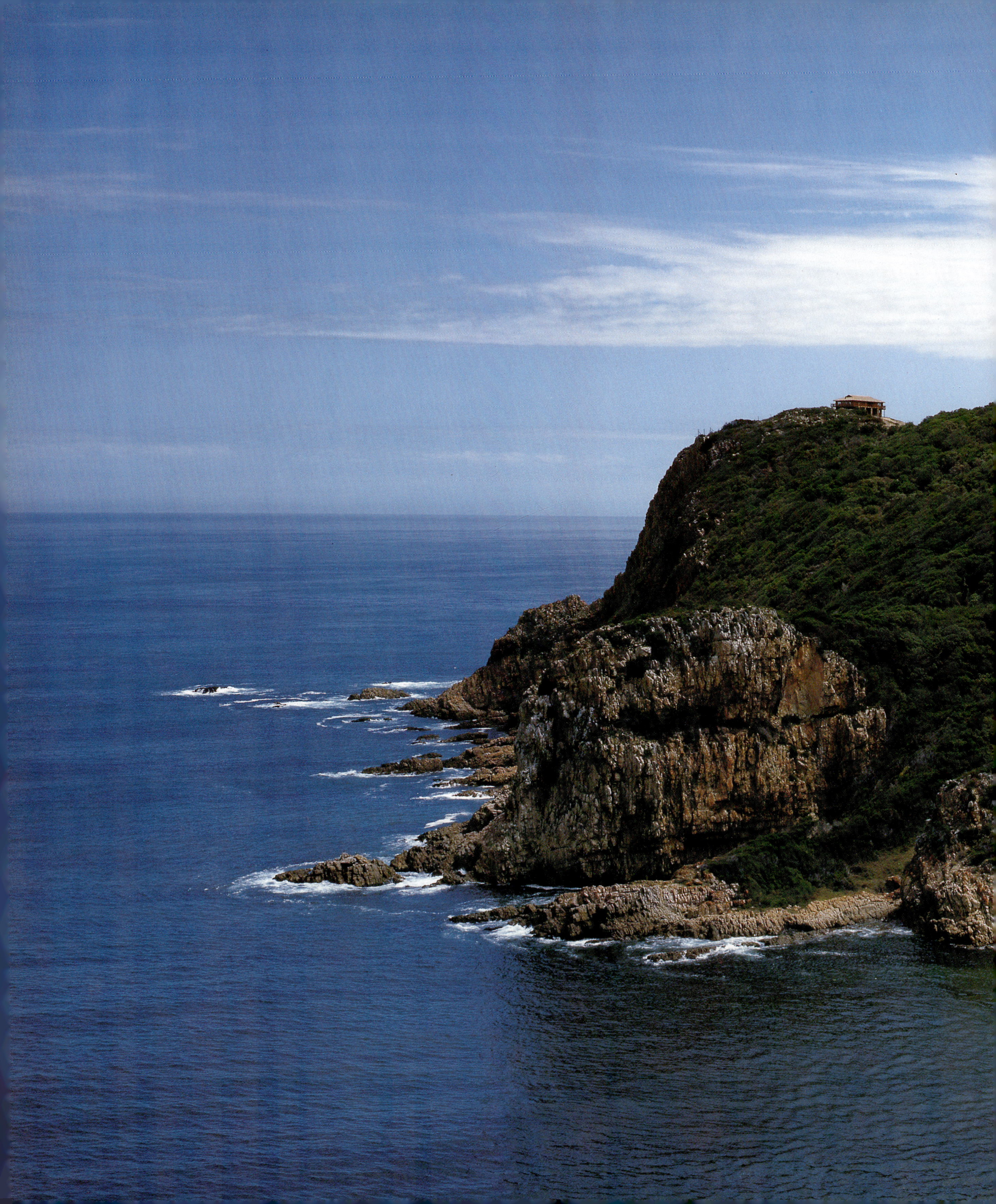

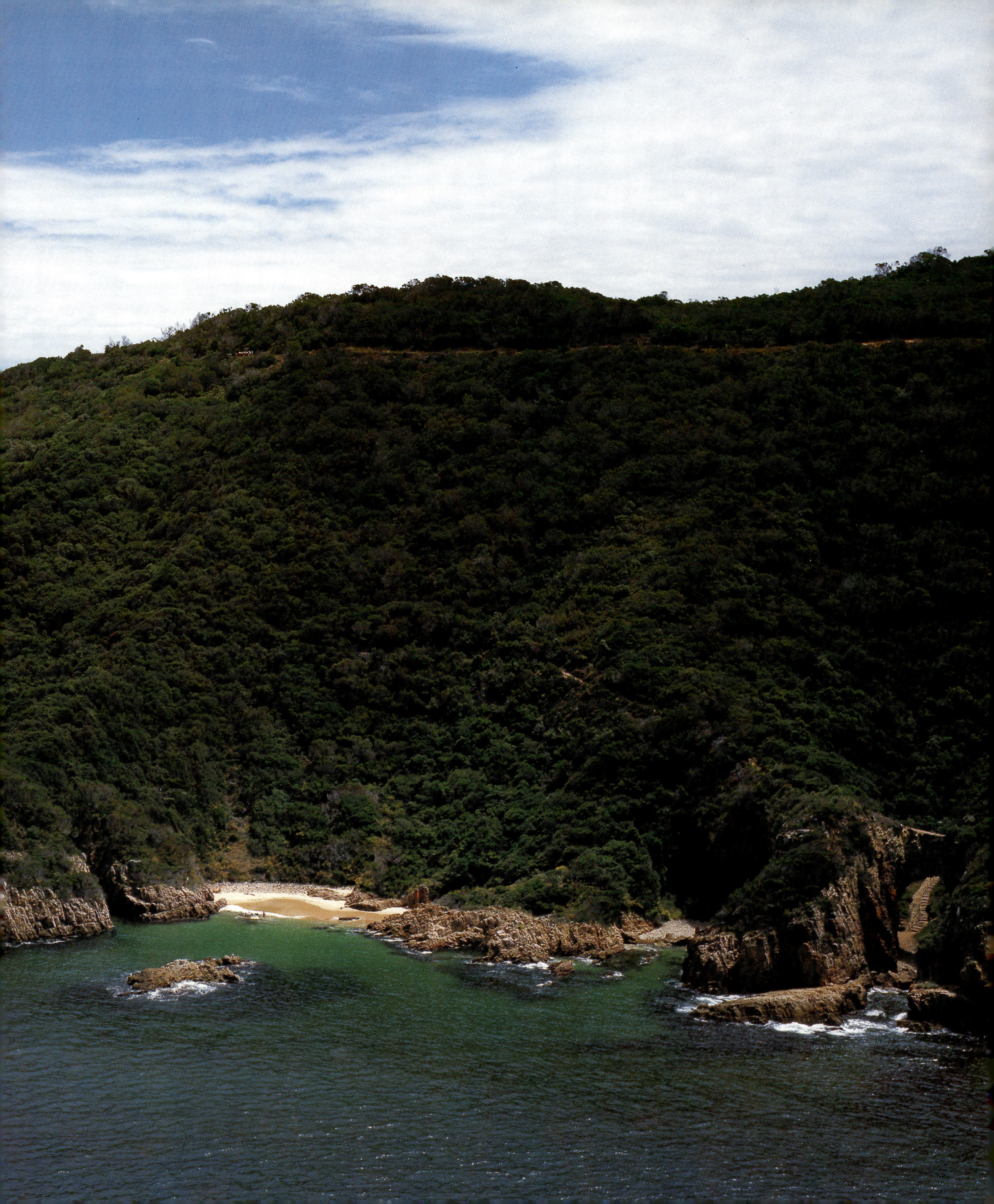

SCHMELZTIEGEL DER VÖLKER

Der von einer Dampflokomotive gezogene Outeniqua-Puffpuff (links) verkehrt zwischen George und Knysna auf einer der schönsten Strecken der Welt, die an Feldern, Wäldern und Seen vorüberführt. Die Aussicht auf diese zerklüftete Küste ist wirklich atemberaubend.

Um in Knysnas herrlicher Umgebung leben zu können – manchmal schlecht und recht – wurde für viele ein Steckenpferd zum Gewerbe. Andenken, Lederwaren, Möbel und andere, aus dem hiesigen Holz hergestellte Artikel werden in einer ehemaligen Schreinerei feilgeboten (links).

Das Millwood-Haus (rechts) in Knysna wurde während des Goldrausches im benachbarten Millwood am Wald erbaut. Heute ist hier ein Museum untergebracht, während die Waldesstille das ehemalige Goldbergwerk wieder umfängt. Nur Schilder, Obstbäume, Gartenblumen erinnern an die Vergangenheit.

120

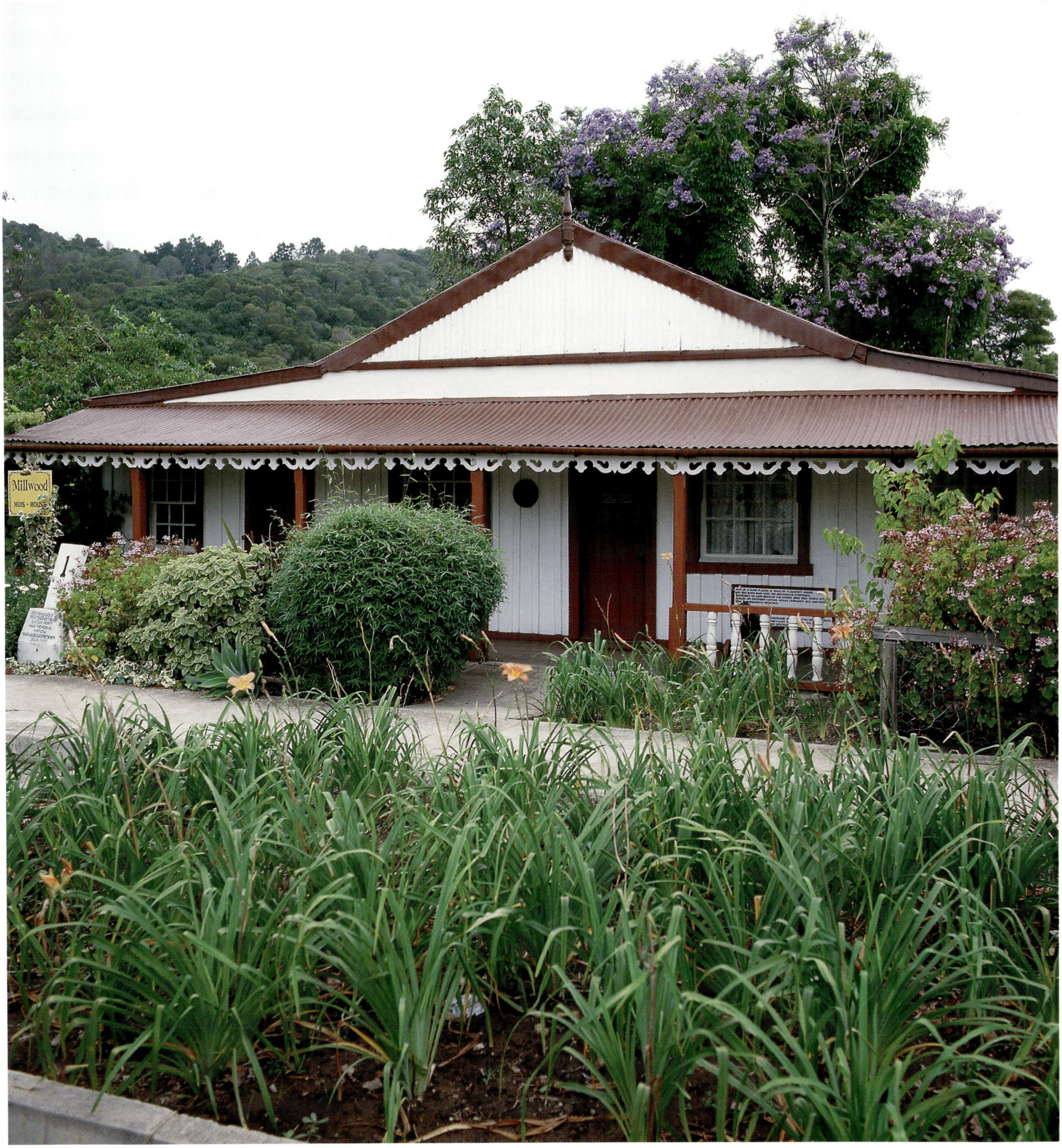
Millwood
HUIS • HOUSE

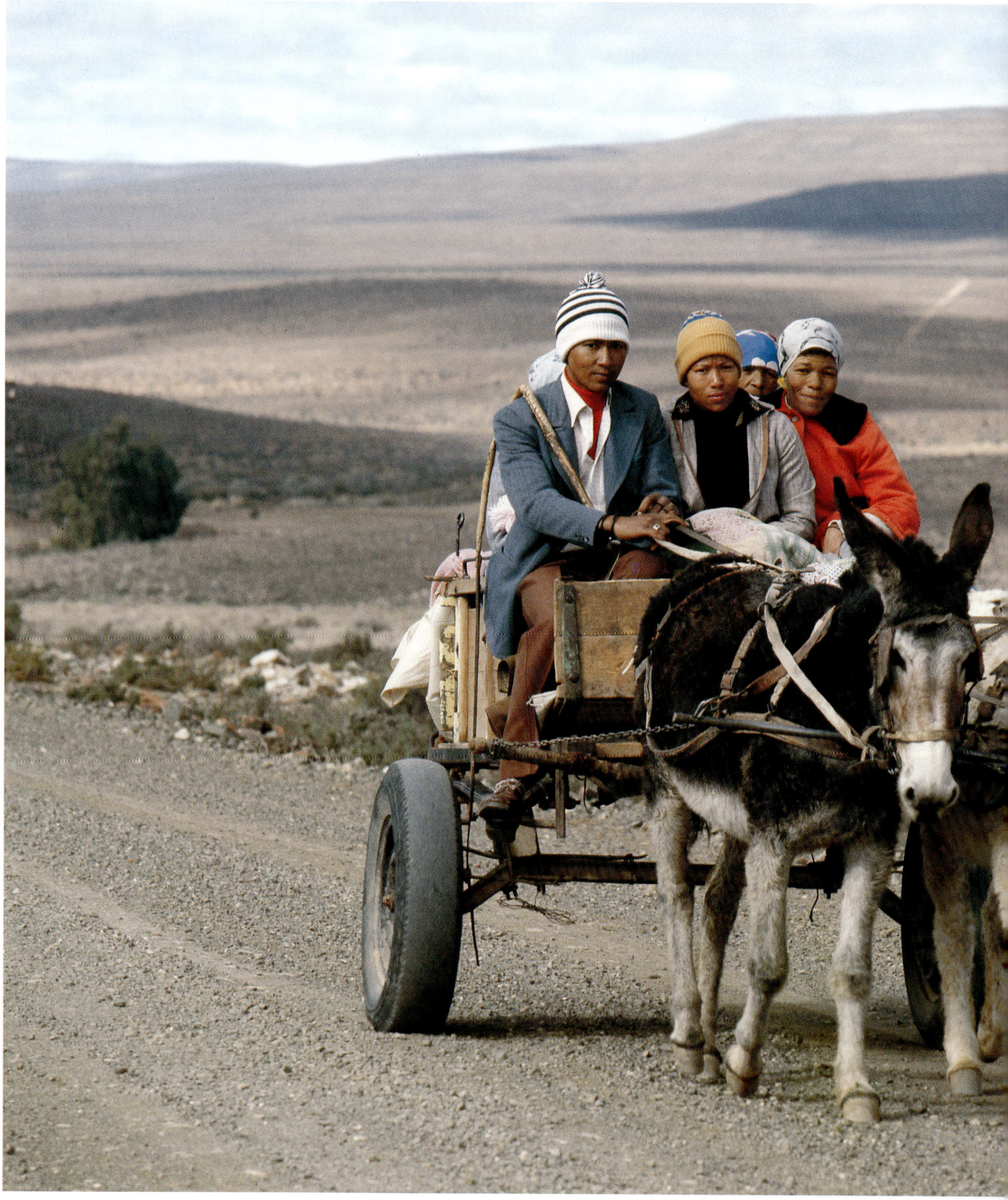

JENSEITS DER EBENEN KAMDEBUS

DIE EINSAMEN HÜGEL UND FLÄCHEN DER KARRU scheinen sich endlos und heiß vor dem müden Reisenden zu erstrecken, so daß viele dieses ausgedehnte Hinterland zum Spaß als "Meilen über Meilen verdammtes Afrika" bezeichnen. Wer sich aber bemüht, die Nebenstraßen und Kleinstädte oder "dorpe" kennenzulernen, den belohnt der Reiz der Karru. Hier entdeckt man nämlich den Inbegriff des "plattelands" mit seinen Windmotoren, dem Auslauf für Schafe, der Gastfreiheit, den Doloritkuppen ("koppies") und den vielseitig verwendbaren Wellblechplatten. Kamdebu befindet sich in einem Winkel dieses gewaltigen, semiariden Gebiets und soll in der Sprache der Khoisan "grüne Mulde" heißen. Ein solcher Name scheint hier nicht angebracht zu sein, und doch zeigt die sonst fast ganzjährig staubige, trockne Karru nach guten Niederschlägen auch ein freundlicheres Gesicht. Diese launische und geheimnisvolle Landschaft verdient wirklich mehr als nur einen flüchtigen Blick des Betrachters. Hier gleitet der Zug an einem gänzlich erhaltenen, viktorianischen Dorf vorbei, an Blockhäusern, die vor fast einem Jahrhundert die Strecke bewachen sollten, und an Ortschaften, deren offensichtlicher Stolz die immer etwas zu gewaltig wirkende niederdeutsch-reformierte Kirche ist.

Ein Eselkarren (links) befördert seine Insassen langsam aber sicher über die zeitlose Karrulandschaft.

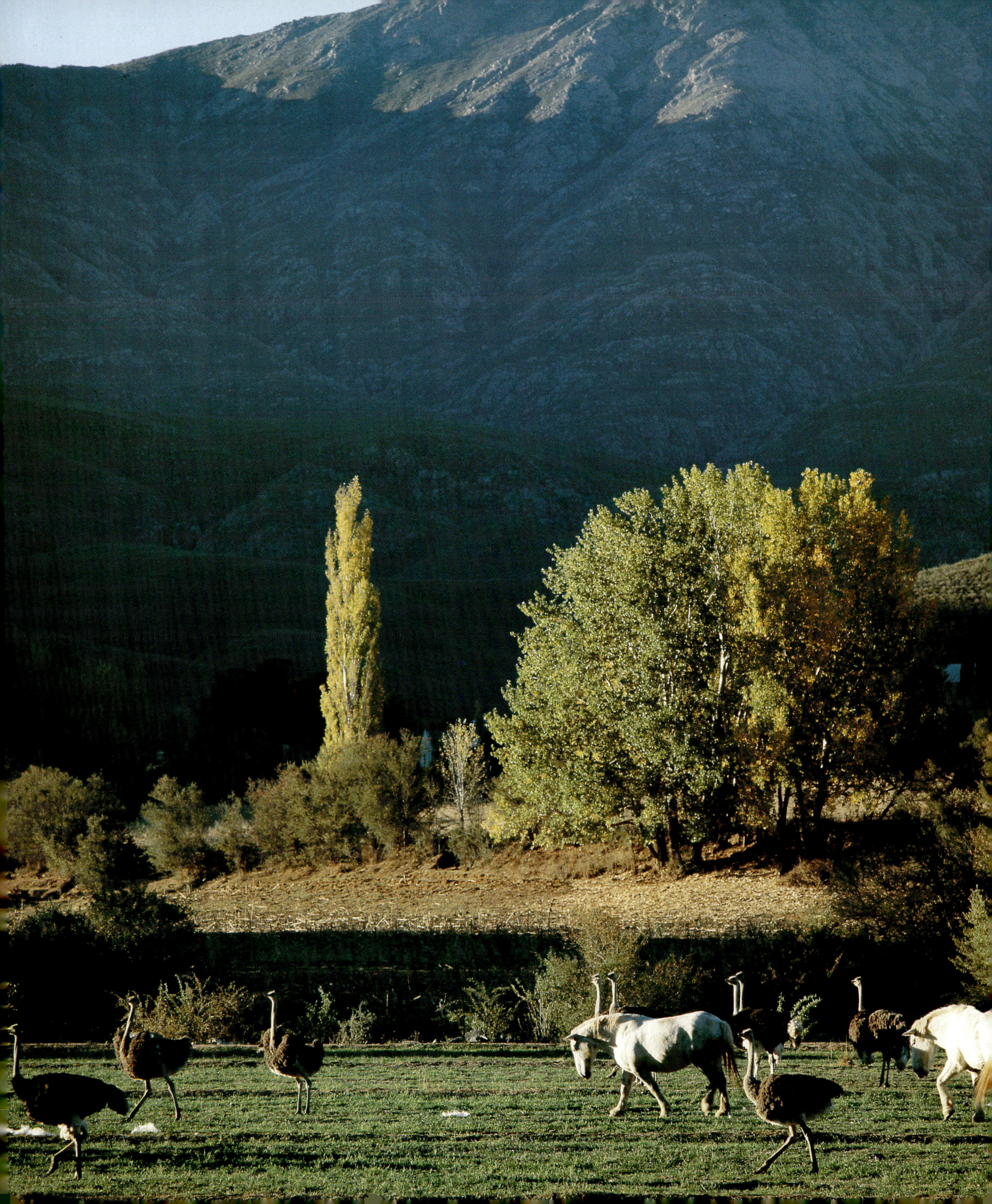

JENSEITS DER EBENEN VON KAMDEBU

Pferde und Strauße (links) weiden in der Nähe der Swartberge bei Calitzdorp in der Kleinen Karru auf einem Feld. Auch wenn er ungelenk wirkt, ist der Strauß (*Struthio camelus*) äußerst flink und kann einen Läufer mit Leichtigkeit überholen. Bei Gefahr ist für diesen flugunfähigen Vogel seine Behendigkeit die einzige Rettung, doch während der Balz oder wenn er seine Brut bewacht, verteidigt er bösartig sein Revier, indem er mit seinen gespornten Klauen nach vorn und nach unten keilt. Auf diese Weise schlitzte er schon manchem Menschen mit einem Tritt den Bauch auf. Eine Spezialität des Gebiets ist ein Omelette aus einem Straußenei, dessen Inhalt ca. 24 Hühnereiern entspricht.

Aufwendige "Federpaläste", wie der hier abgebildete (oben) schossen in der Kleinen Karru wie Pilze aus der Erde, als die Nachfrage nach Federn — besonders von den Männchen — vor dem ersten Weltkrieg gewaltig stieg, weil diese Federn bei der damaligen *haute couture* Voraussetzung waren. Als die Mode sich änderte, schlief diese Industrie ein, doch auch heute gibt es noch mehrere Farmen, die vom Fremdenverkehr und den jetzt wesentlich weniger gefragten Produkten der Straußenzucht leben.

Das "Valley of Desolation" (Tal der Verlassenheit) (umseitig) in der Karru von einem Rücken mit ca. 120 Meter hohen Basaltpfeilern aus gesehen.

Jenseits der Ebenen von Kamdebu

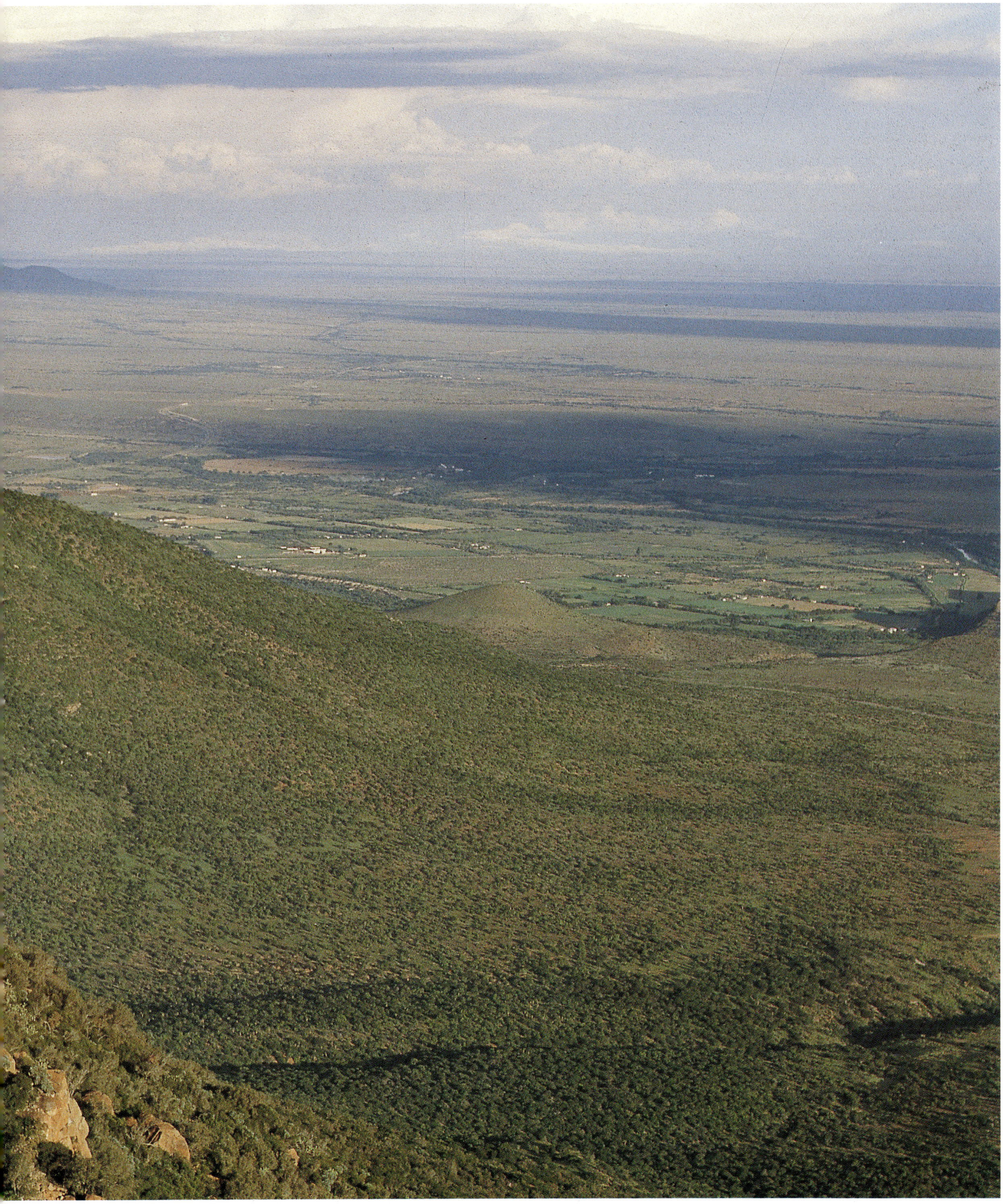

Lexington
after action.. satisfaction
NEW
HOLIDAY
Class A Tobacco
HOLIDAY
Class A Tobacco
BEST BLEND
Sentra
SentraKoop
BB
BEST BLEND

JENSEITS DER EBENEN VON KAMDEBU

Strydenburg ist ein typisches "dorp" (links), eine Kleinstadt der Karru. In solchen kleinen Ortschaften scheint die Zeit stillzustehen. Der beliebteste Treffpunkt ist die Gemischtwarenhandlung, wo es noch nicht unmodern ist, die Kundschaft ganz offen zum Rauchen zu verleiten.

Graaff-Reinets niederdeutschreformierte Kirche (rechts) ist schon die dritte, die man auf diesem Gelände baute. Das jetzige Gebäude, das manche als "schrecklich großartig" bezeichnen, wurde 1886 begonnen und mit vielen serienmäßig hergestellten Verzierungen aus Stein und Eisen geschmückt. Den unkritischeren Betrachter beeindruckt sicher die imposante Kirchturmspitze. In dem Gebäude kann man altes Silber vom Kap bewundern.

Ein Haus in Richmond (rechts) mit schmiedeeisernem Schmuck, der besonders zu viktorianischer Zeit modern war. Die meisten gußeisernen Produkte Südafrikas — von Eisenbahnschienen bis zu ganzen Denkmälern — wurden in Walter MacFarlanes Gießerei "Saracen" in Glowsgow hergestellt. Leider fielen zahlreiche dieser Arbeiten dem Fortschritt und der Entwicklung zum Opfer, doch entdeckte man im Zuge der wiedererwachten Begeisterung für die Kunst jener Zeit ihren wahren Reiz.

Die lange und einsame Straße (umseitig) durch die Karru, einem großen Gebiet mit geringen Niederschlägen und extremen Temperaturen. Die spärliche Vegetation konnte sich der unwirtlichen Umwelt anpassen.

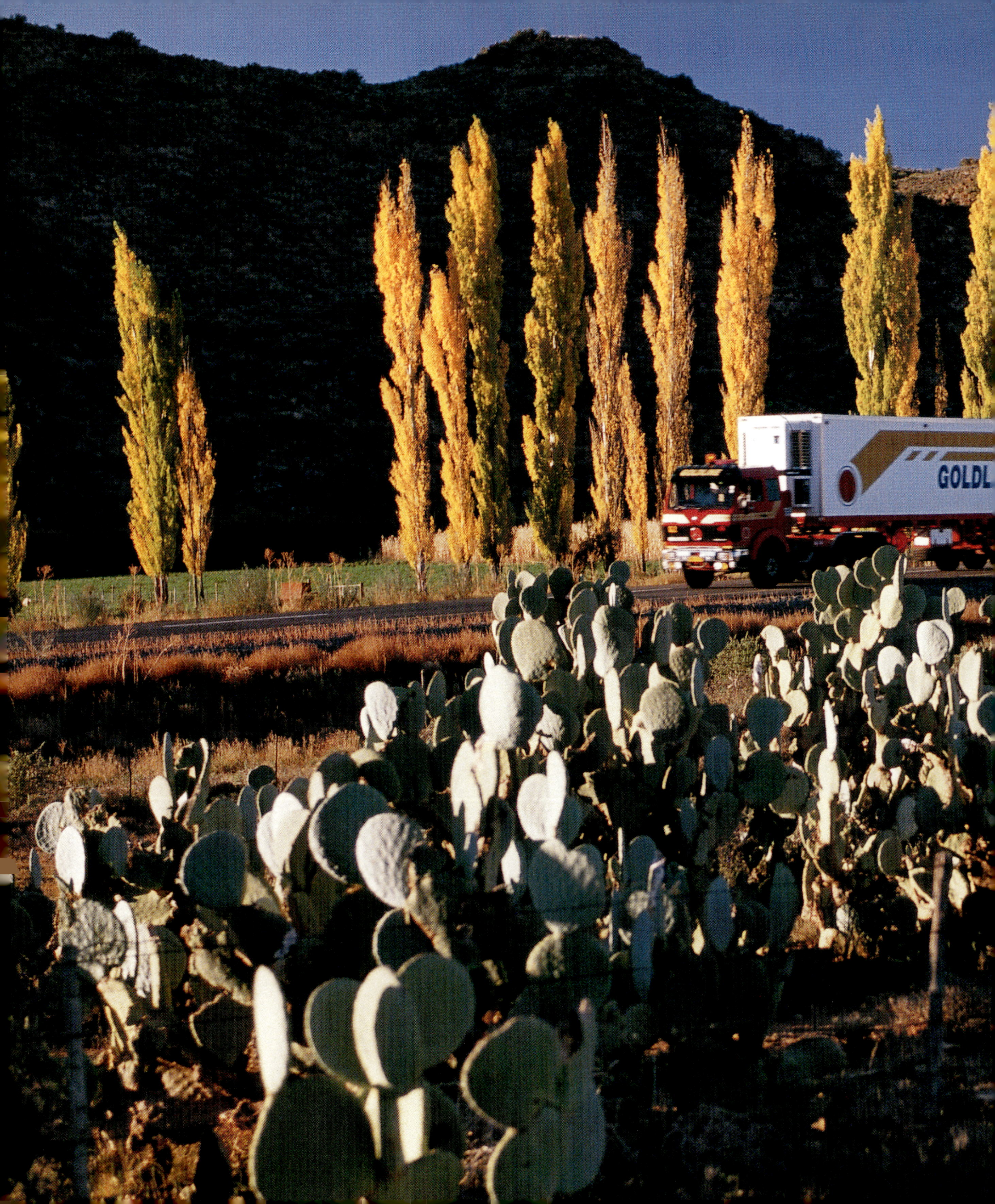
GOLDL

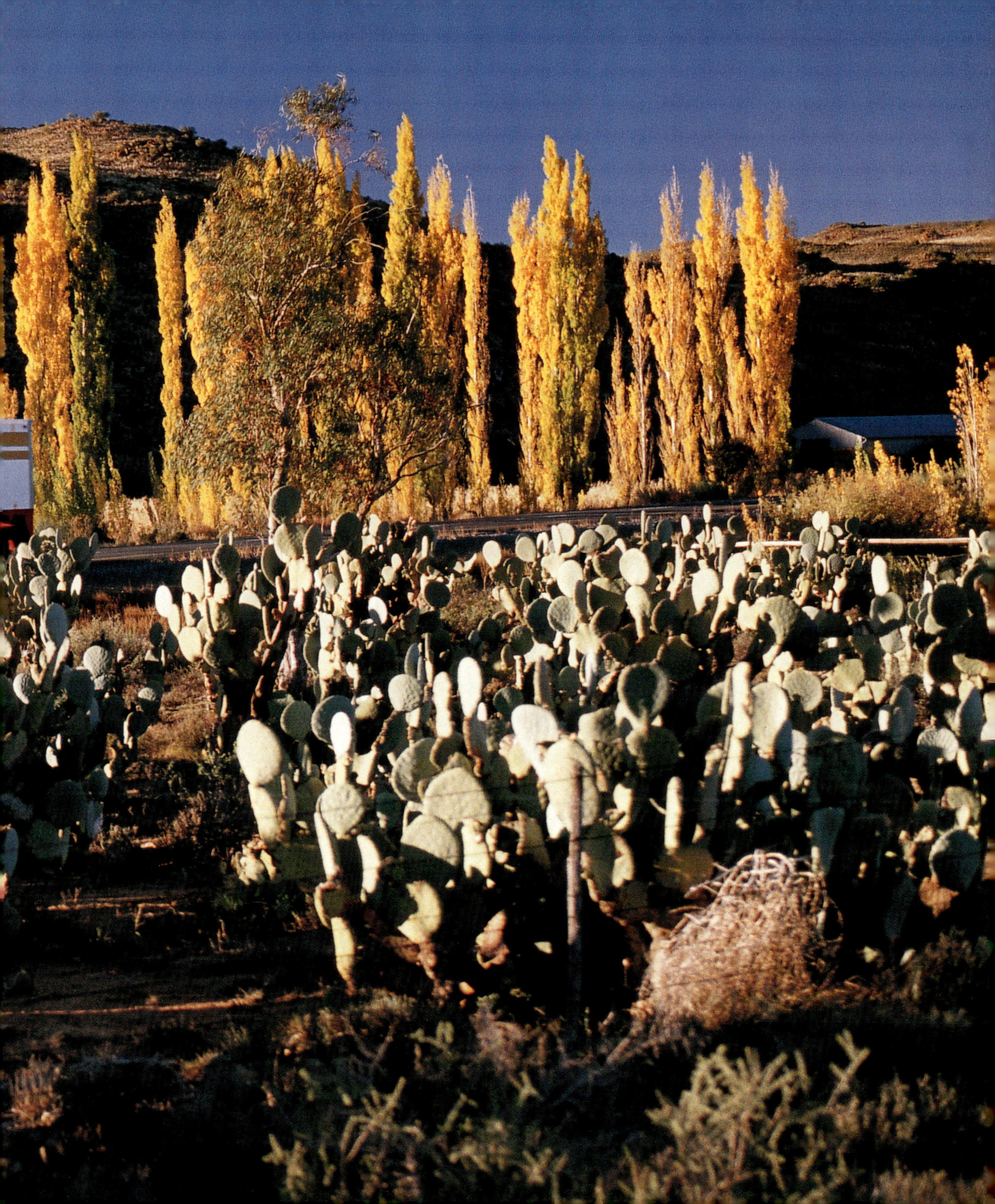

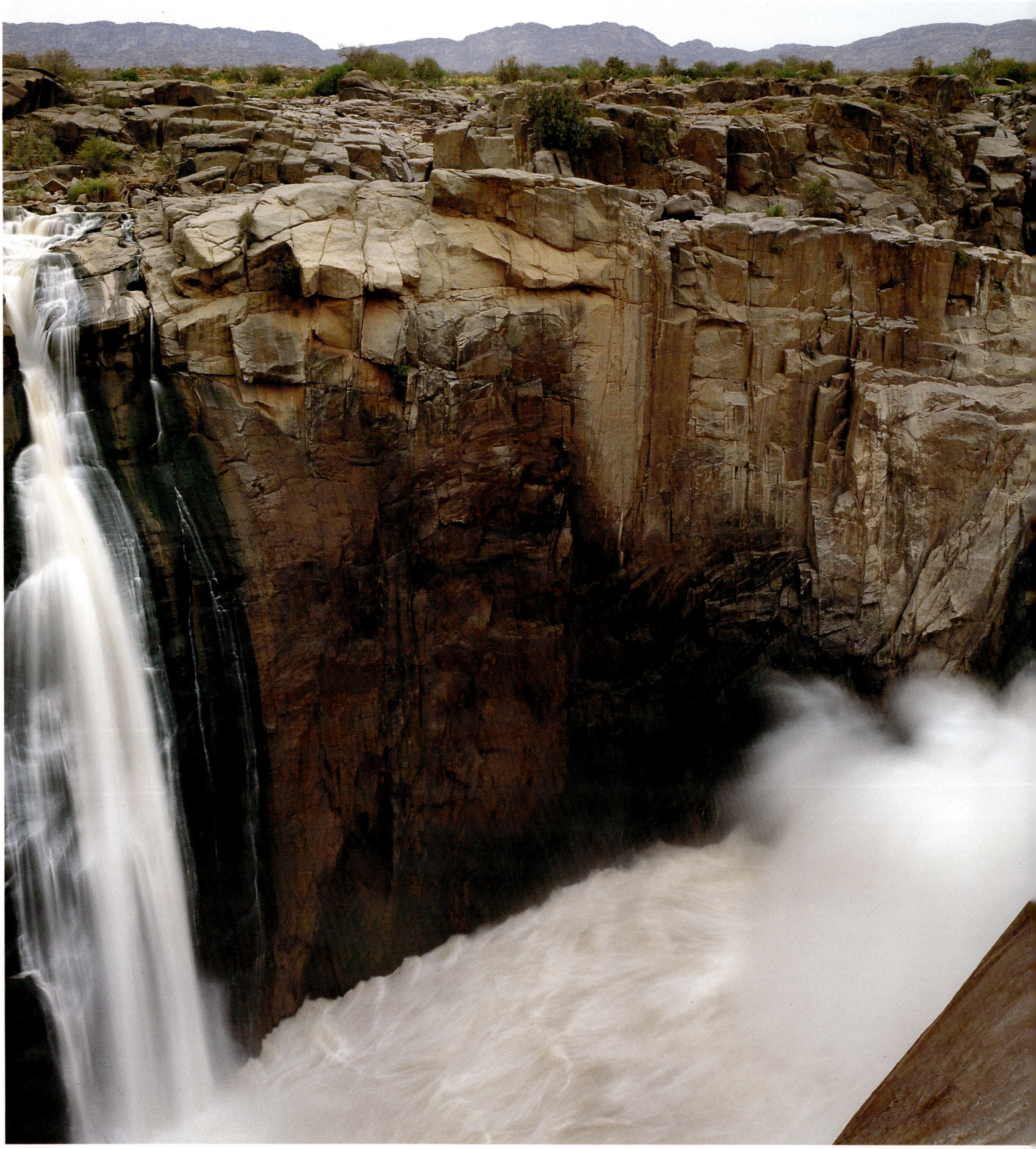

DIE WÜSTE BLÜHT

DURSTSTRECKE DES ÖDEN NORDENS UND WESTENS. Die Karru breitet sich weit nach Norden und Westen aus, wo das wahre Wüstengebiet in der Namib Namibias und der Kalahari im fernen nördlichen Kapland und in Botswana einsetzt. Auch in diesen brütenden Ebenen aus Sand und Felsgestein regt sich Leben — von der kleinsten Eidechse bis selbst zum König der Tiere. Die Niederschläge sind gering, doch bei verhältnismäßig guten Winterregen sprießt in Küstennähe im Namaqualand eine wahre Blütenpracht hervor. Um sich ein vollständiges Bild von dieser Verwandlung machen zu können, sollte der Besucher einen Vergleich zwischen der verdorrten und der blühenden Landschaft anstellen.

Auch wenn in diesem Gebiet hier und da Diamanten vorkommen, ist das Los der meisten Einwohner hart. Reservate mit kommunalen, landwirtschaftlichen Betrieben entstanden in verschiedenen Teilen Namaqualands um Dauergewässer. So besteht beispielsweise "Leliefontein" bereits seit 1771. Vielen ist eine derart gesicherte Existenz versagt, und sie sind gezwungen, auf der oft erfolglosen Suche nach einer Arbeitsstelle zigeunerhaft von einer fernen Ortschaft zur anderen, von Farm zu Farm zu ziehen. Auf knarrenden Eselkarren sieht man sie auf einsamen Wegen und verkehrsreichen Straßen, vielleicht auch zu Fuß, mit dem kleinen Bündel ihrer Habseligkeiten einem unbekannten Ziel zustrebend.

Das Getöse der Augrabiesfälle (links) ist ohrenbetäubend, wenn der gewaltige Oranje, der die Grenze zwischen Südafrika und Namibia bildet, sich durch einen Spalt im Granit drängt, um in die tiefe Schlucht hinabzustürzen, die er im Laufe der Zeit in das Gestein gemeißelt hat. Die Fälle sind vom Augrabies-Nationalpark umgeben.

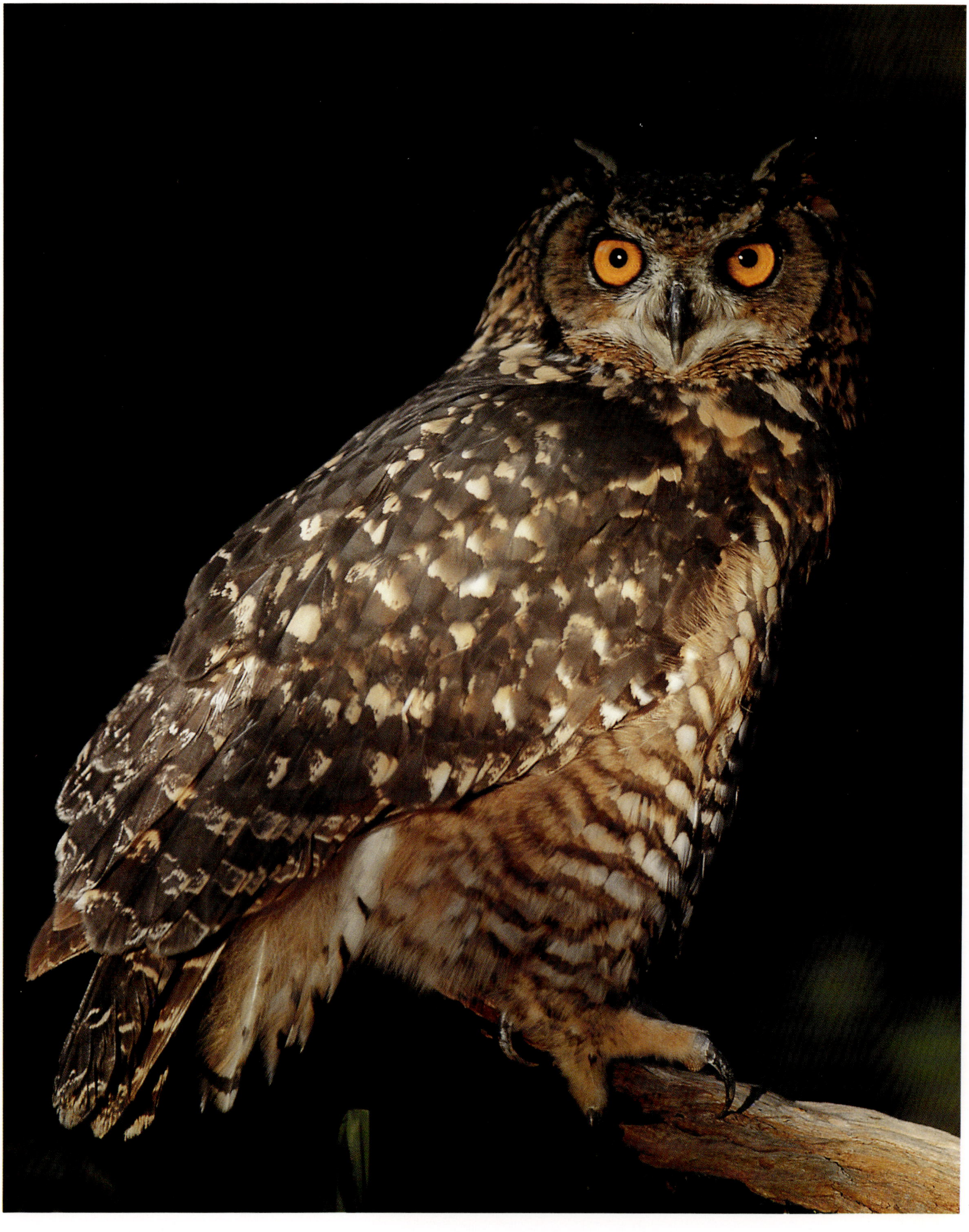

DIE WÜSTE BLÜHT

Der Kapuhu (*Bubo capensis*) (gegenüber) ist zwar weit, doch nicht sehr dicht verbreitet. Man nimmt ihn gelegentlich tagsüber auf hohen Bäumen wahr, doch auch am frühen Morgen oder späten Nachmittag beim Sonnenbad auf einem Felsen. In der Abenddämmerung beginnt er von niederen Ästen aus zu jagen, wobei sein typischer Schrei ertönt. Seiner bevorzugten Beute, nämlich Hasen und Schliefern lauert er oft auf Telegrafenmasten und Zaunpfählen am Straßenrand auf.

Der Sekretär (*Sagittarius serpentarius*) (links) tötet eine Schlange blitzschnell, indem er ihr mit gezielten Tritten den Garaus macht.

Vielleicht drücken Springböcke (*Antidorcas marsupialis*) (unten) ihre Lebensfreude aus, wenn sie diese plötzlichen, hohen Sprünge vollführen. Die springende, auseinanderstiebende Herde kann jedoch so ein Raubtier verwirren. Wenn die Tiere Stress oder Gefahren ausgesetzt sind, "prunken" (aus Afrikaans "pronk") sie zudem, d.h. sie springen steifbeinig und senkrecht mit gekrümmtem Rücken in die Höhe, so daß ein weißes Haarbüschel am Rückgrat sichtbar wird. Die gesellig lebenden Springböcke treten meistens in kleinen Herden auf, doch können sich bei ihren Wanderungen Tausende sammeln. Allerdings ist die Zeit vorbei, wo diese Wanderherden tagelang unablässig am Betrachter vorbeizogen.

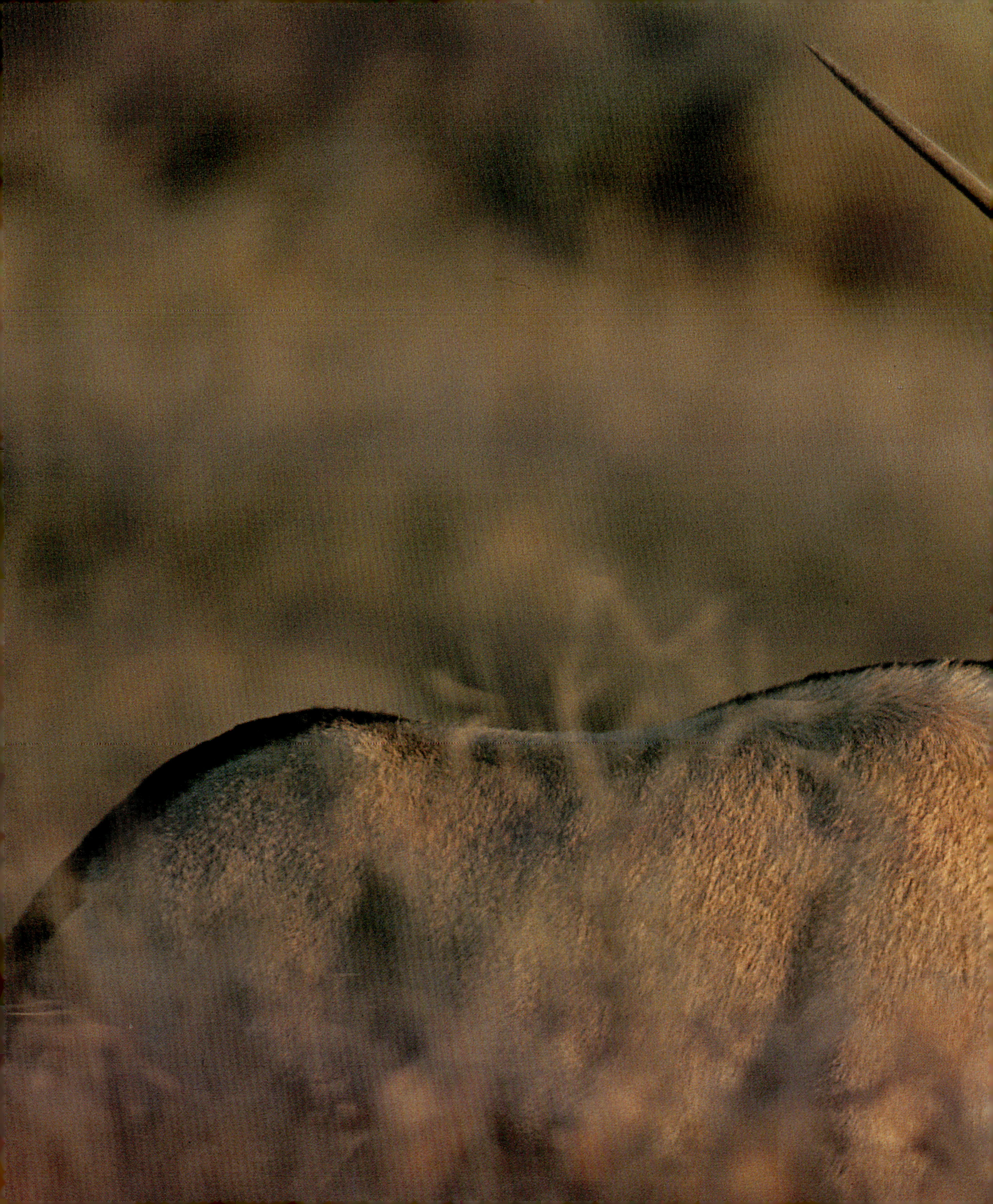

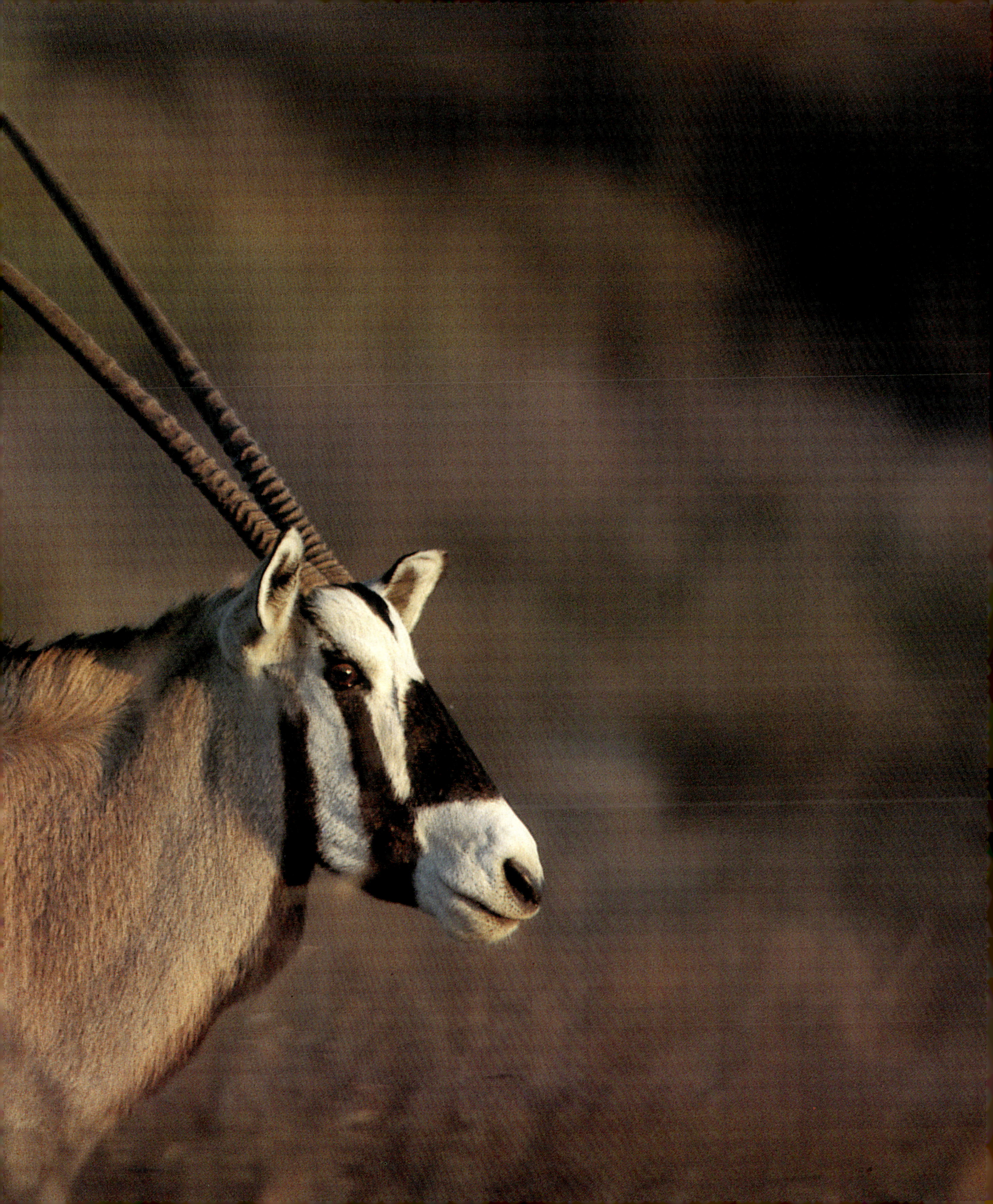

Die Wüste Blüht

Das Gehör des Löffelhunds (*Otocyon megalotis*) (links oben) ist erstaunlich scharf und spielt beim Aufspüren der Beute eine bedeutende Rolle. Wenn der Löffelhund sich langsam mit gesenktem Kopf und gespreizten Ohren durch sein Revier bewegt, kann er die im Erdreich tätigen Insekten hören und genau orten. Nachdem er sie ausgegraben hat, macht er sich über seine Mahlzeit her.

Die Fuchsmanguste (*Cynictis penicillata*) (Mitte links) lebt nicht so gesellig wie einige der anderen Mangusten, sondern kommt gewöhnlich in kleinen Familiengruppen vor. Sie teilt den Bau häufig mit Erdhörnchen (*Xerus inauris*) und der Surikate (*Suricata suricatta*). Die meiste Zeit verbringt die Fuchsmanguste beim Graben, wobei sie entweder beschäftigt ist, ihre unterirdische Wohnung umzubauen und zu vergrößern oder nach Nahrung zu suchen, die neben Insekten auch aus winzigen Säugetieren besteht.

Der Schabrackenschakal (*Canis mesomelas*) (links unten) ein frecher Opportunist, bringt Säugetiere bis zur Größe eines Hasen zur Strecke, doch ernährt sich auch von Insekten, Reptilien und Vögeln. Als Aasfresser läßt er sich keine Gelegenheit entgehen, am Riß eines größeren Raubtiers auf seine Kosten zu kommen.

Löwen beim Paarungsritual (rechts) im Kalahari-Gemsbok-Nationalpark. Die gesellig lebenden Löwen treten oft in Familiengruppen (ca. sechs Tiere) oder in Rudeln (bis zu 20) auf. Als unverbesserliche Chauvinisten überlassen die Männchen den Löwinnen die Jagd, haben aber am Fraß den Vorrang.

Die Oryxantilope (*Oryx gazella*) (vorherige Seite), ein Bewohner der ariden Ebenen, kann aus wilden Melonen und saftigen Wurzeln die notwendige Flüssigkeit aufnehmen. Nur so gelingt es ihr, fast unentwegt ohne Wasser auszukommen — eine Voraussetzung für ihr Leben in dieser dürren Landschaft.

138

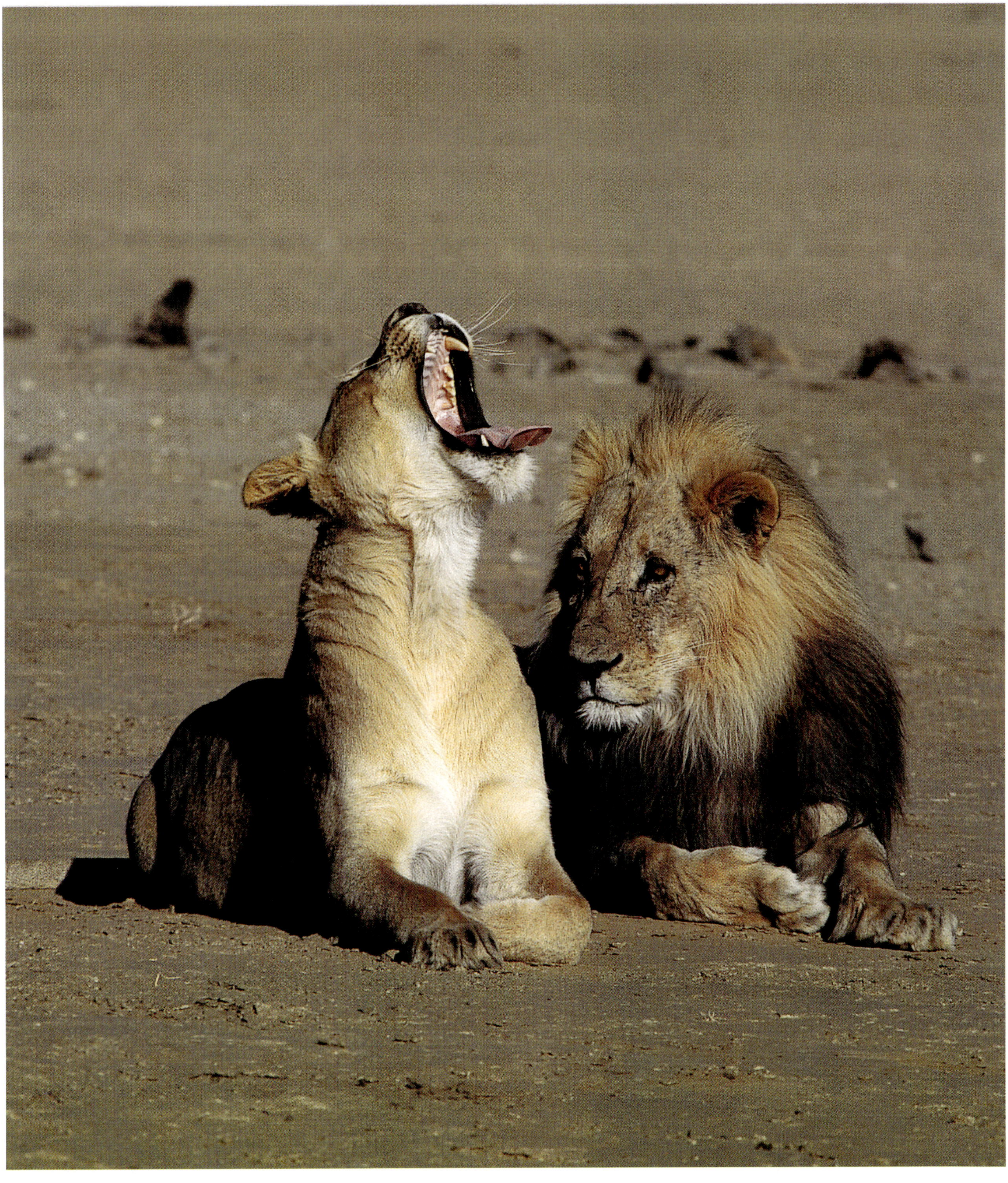

DIE WÜSTE BLÜHT

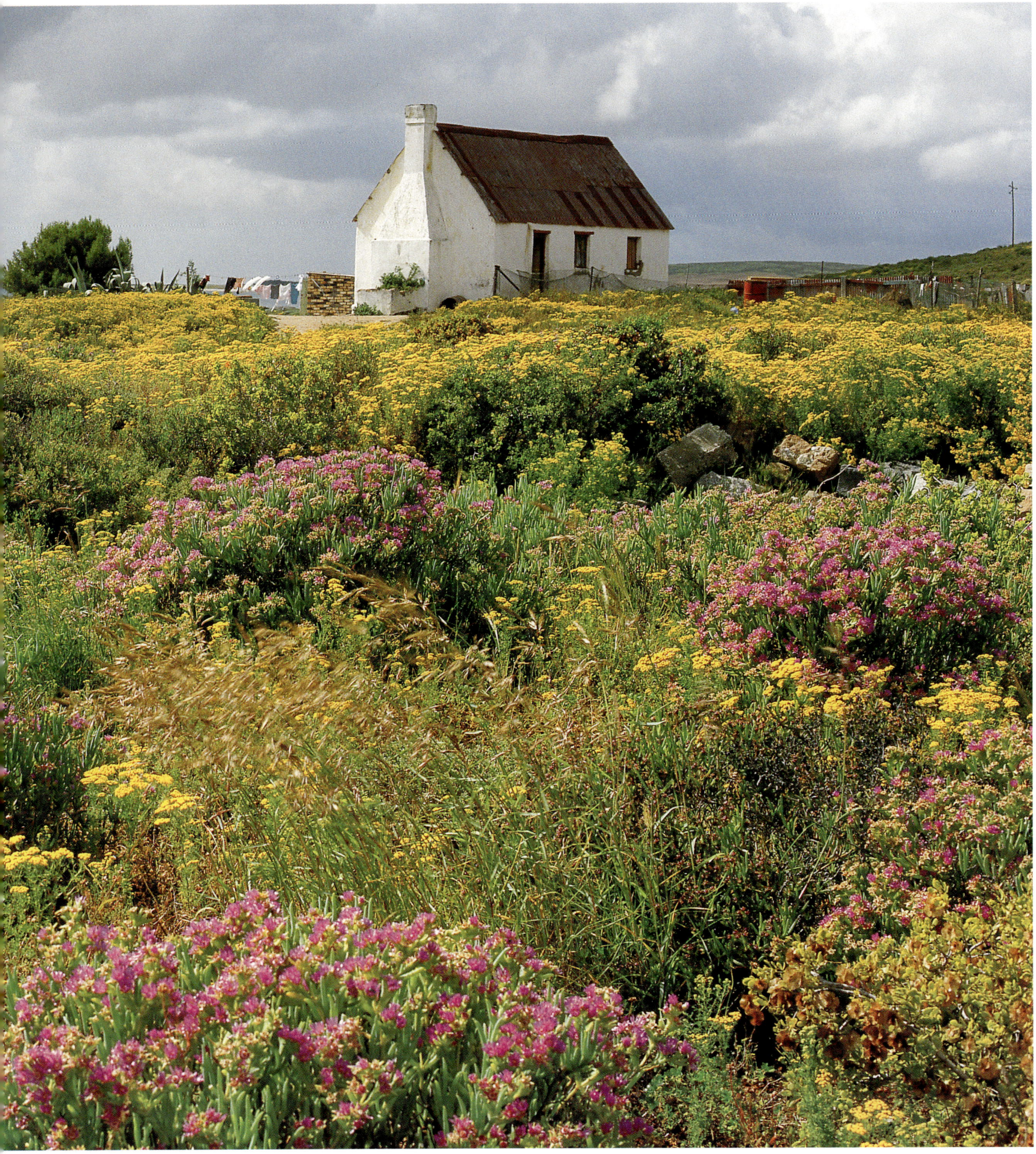

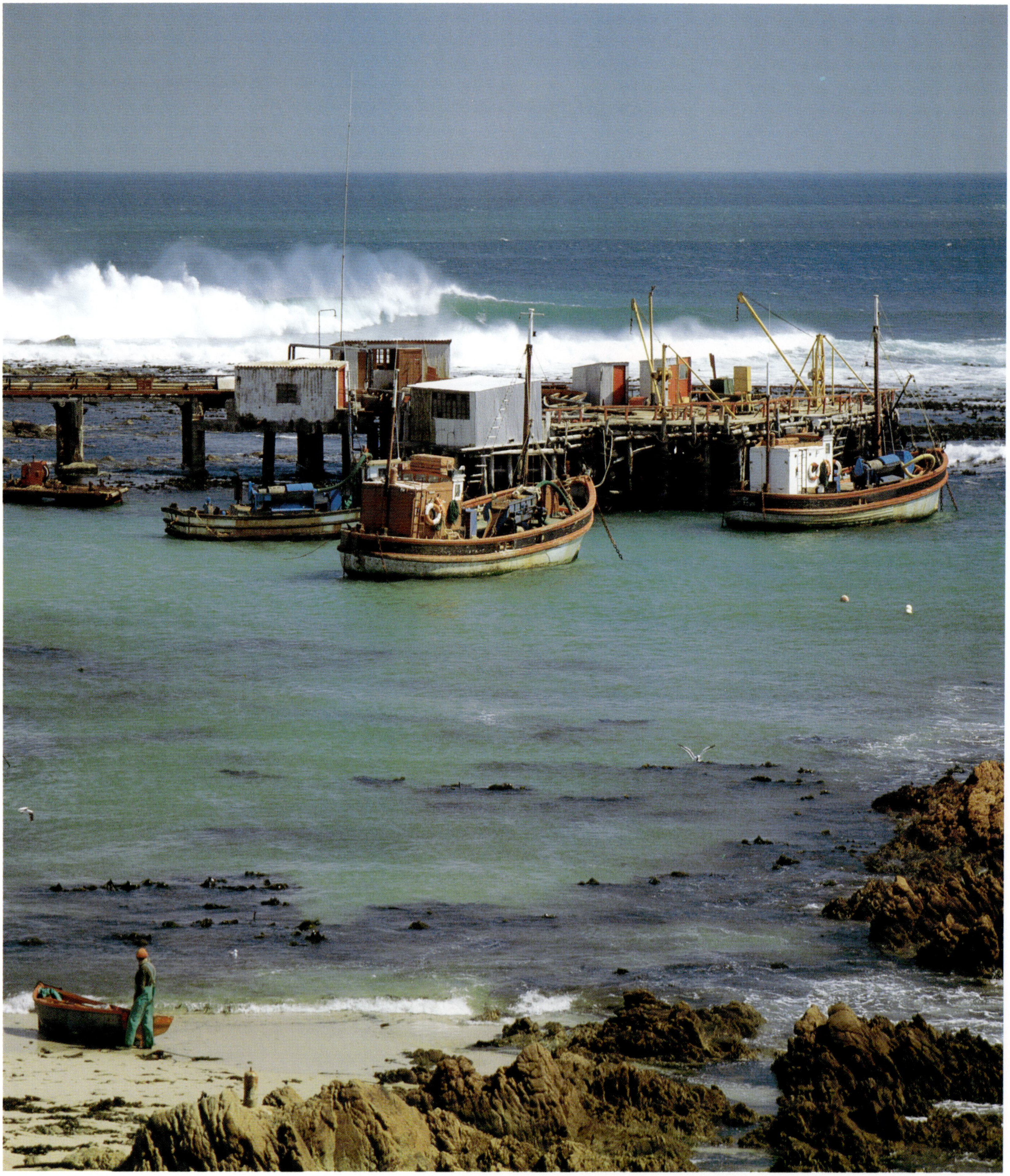

DIE WÜSTE BLÜHT

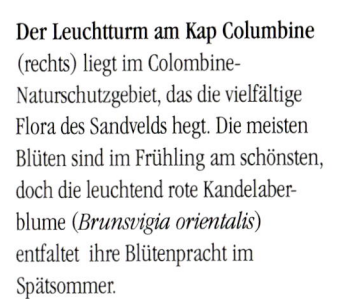

Der Leuchtturm am Kap Columbine (rechts) liegt im Colombine-Naturschutzgebiet, das die vielfältige Flora des Sandvelds hegt. Die meisten Blüten sind im Frühling am schönsten, doch die leuchtend rote Kandelaberblume (*Brunsvigia orientalis*) entfaltet ihre Blütenpracht im Spätsommer.

Ein Fischer von Doringbaai (rechts unten) steht an der Tür seiner seit Jahrzehnten wetterfesten Kate. Die Fischkutter Doringbaais (links) beliefern nicht nur die hiesige Konservenfabrik, sie fangen auch die wertvolleren Langusten oder suchen den Meeresboden nach Diamanten ab. Einige Kilometer weiter nördlich erstreckt sich der im Sandveld beliebte Ferienort Strandfontein.

Wenn der Frühling an der Westküste (vorherige Seite) und im Namaqualand einzieht, bedeckt nach guten Winterregen ein bezaubernder Blütenteppich die Landschaft. Hier in St. Helena Bay umgibt einige Wochen lang ein buntfarbener Naturgarten das weißgetünchte Fischerhäuschen.

143

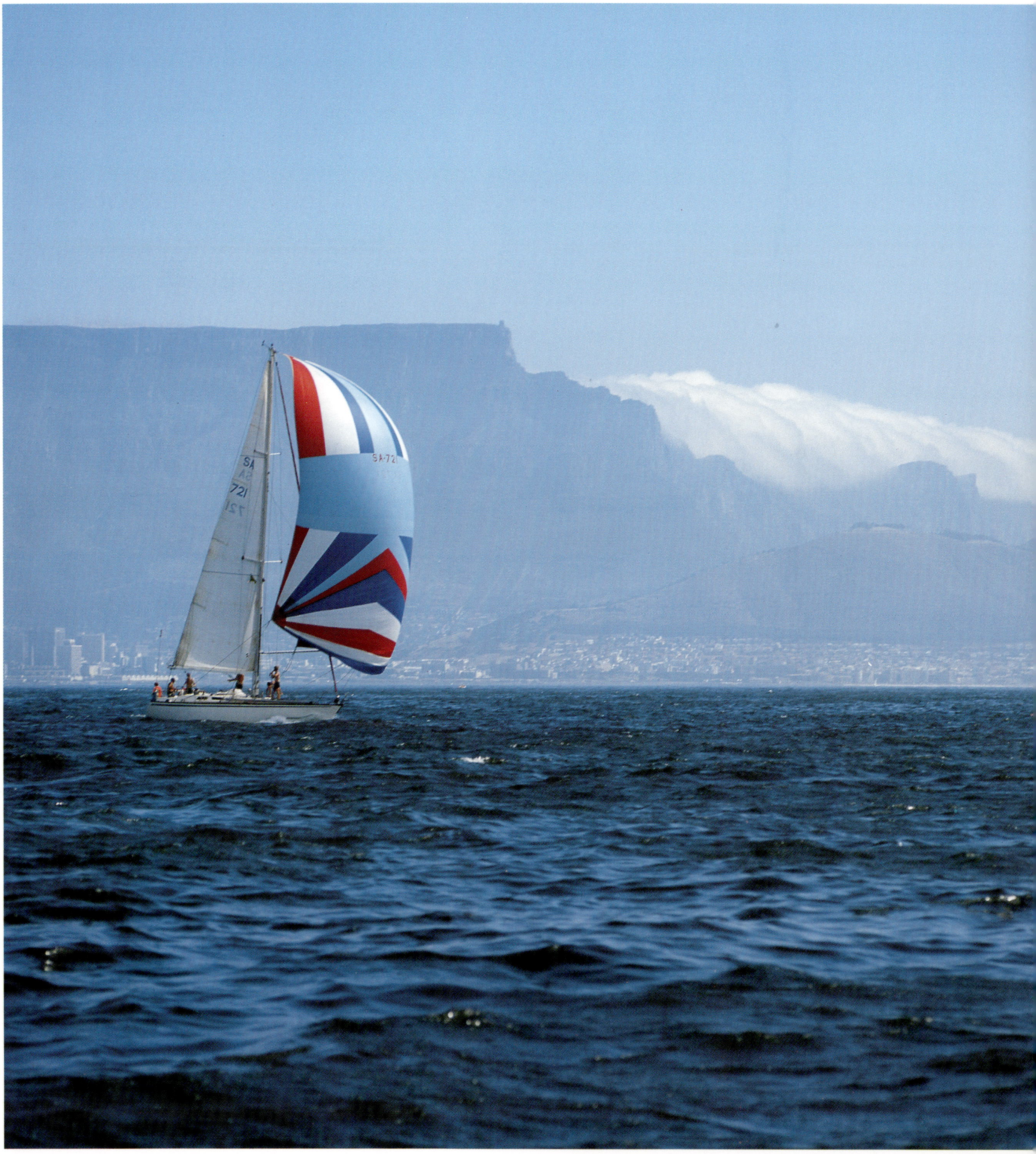
SA
SA
721
721
SA-721

DAS LIEBLICHSTE KAP

DIE KAPHALBINSEL UND DIE WEINBAUGEBIETE an Afrikas südwestlicher Spitze erfreuen sich eines milden Mittelmeerklimas sowie einer unvergleichlichen Landschaft und Flora. Stolze Berge umgeben "das Kap", an dem sich die ersten Siedler aus Europa niederließen, und es gehört zu dem besonderen Reiz des Gebiets, daß hier, im Gegensatz zu anderen Teilen des Landes, viele der alten Gebäude, die teilweise aus dem späten siebzehnten Jahrhundert stammen, erhalten blieben. Obwohl sich Kapstadt und seine Umgebung äußerst schnell entwickelt, lebt man hier noch geruhsamer als am Witwatersrand, wo die Börse den Lebensrhythmus zu bestimmen scheint. Das hiesige, angeblich nachlässige Geschäftsgebaren strafen die materialistischeren Johannesburger mit einer gewissen, amüsierten Verachtung, manche lassen sogar Bemerkungen wie "die Kolonie" fallen. Komischerweise ist jeder bereit, umzusiedeln, wenn es keine zu große finanzielle Opfer bedeutet, woran das wohl liegt...?

Man könnte beispielsweise die nicht weit vom Stadtkern entfernten Strände aufführen, von denen jeder eine eigene Note hat, oder die Berge, die zum Bergsteigen oder zu gemütlichen Spaziergängen an ihren grasbestandenen Hängen einladen. Landeinwärts erstrecken sich goldene Weizenfelder, duftende Obstplantagen, doch vor allem die berühmten Weingärten der Güter, die sich seit Jahrhunderten der Weinbereitung widmen und eine Kultur begründeten, die das Land mit besonderem Stolz erfüllt.

Die Tafelbucht (links) vor der Kulisse des majestätischen Tafelbergs — dieser Landfall zählt zu den berühmtesten der Welt. Die Seefahrtstradition wird in den bunten Spinnakern der Hochseejachten fortgesetzt, denn ob es sich um schlanke Renner oder behäbige Kreuzer handelt, diese Fahrzeuge beherrschen am Wochenende in der Tafelbucht das Bild.

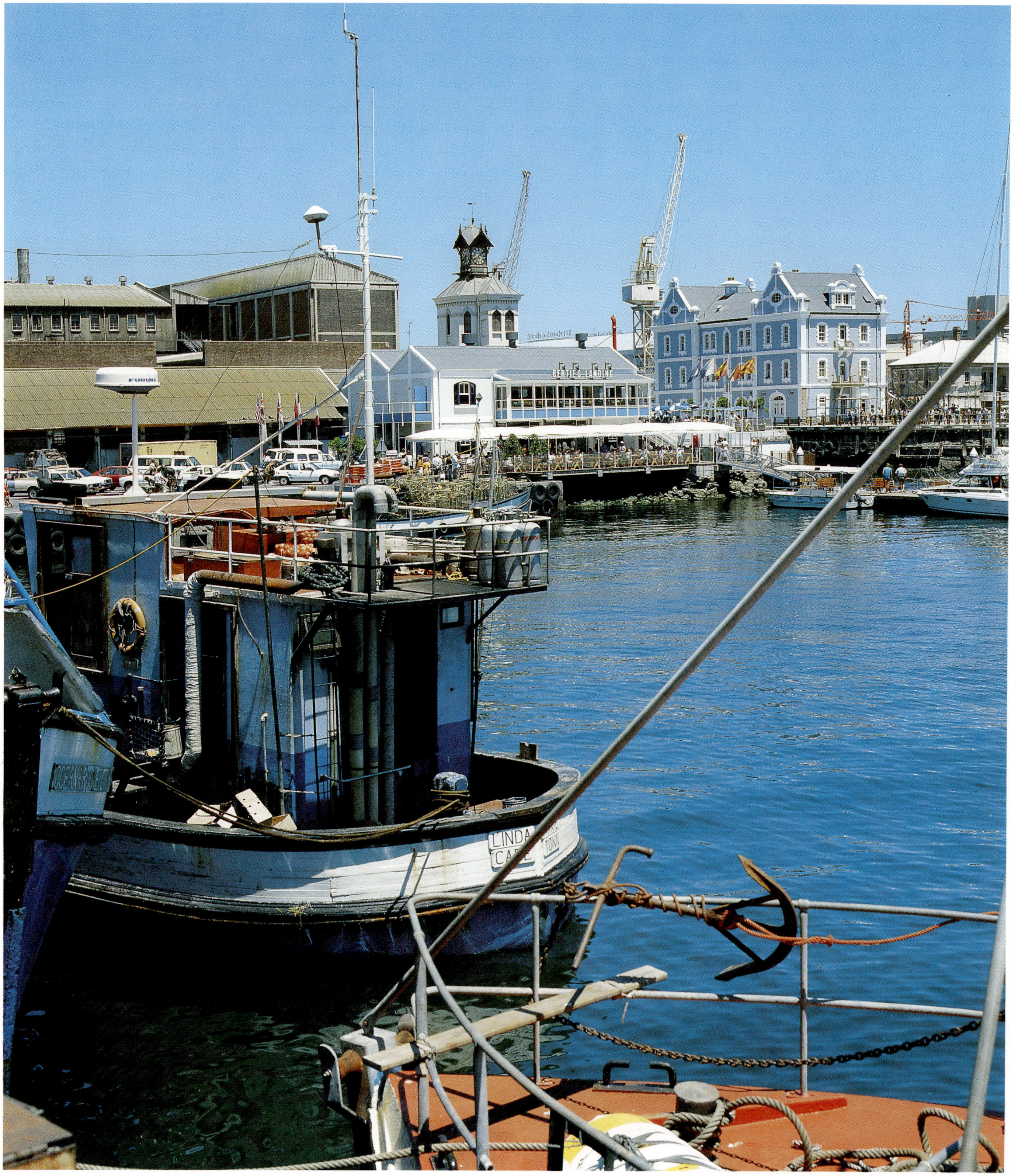

DAS LIEBLICHSTE KAP

Im alten Hafen Kapstadts (links) gehören Restaurants, Bars und Hotels, Läden und das Schiffahrtsmuseum heute zum gesellschaftlichen Treiben, nachdem die Stadt viele Jahre lang von den Hafenanlagen getrennt war. Jetzt soll das andauernde Victoria-and-Alfred-Projekt am Wasser die beiden Teile der Stadt wieder vereinen. Der 1860 begonnene Alfred-Hafen verdankt seinen Namen dem zweiten Sohn Königin Viktorias, der den Bau eines Wellenbrechers symbolisch einleitete.

Ein Kapstädter spielt auf seinem Saxophon Cool Jazz (oben links) bei einem sommerlichen Straßenfest. Musik und Rhythmus liegen vielen Kapstädtern im Blut, das zeigt sich bei klassischer Musik, Rock, Marimba oder gefühlvollem Jazz. Im Hafen und abends auch im nahen Dock Road-Theater finden immer interessante Veranstaltungen statt, manchmal handelt es sich sogar um eine spontane Vorführung aus dem Stehgreif, wie es dieser Pantomime zeigt (oben).

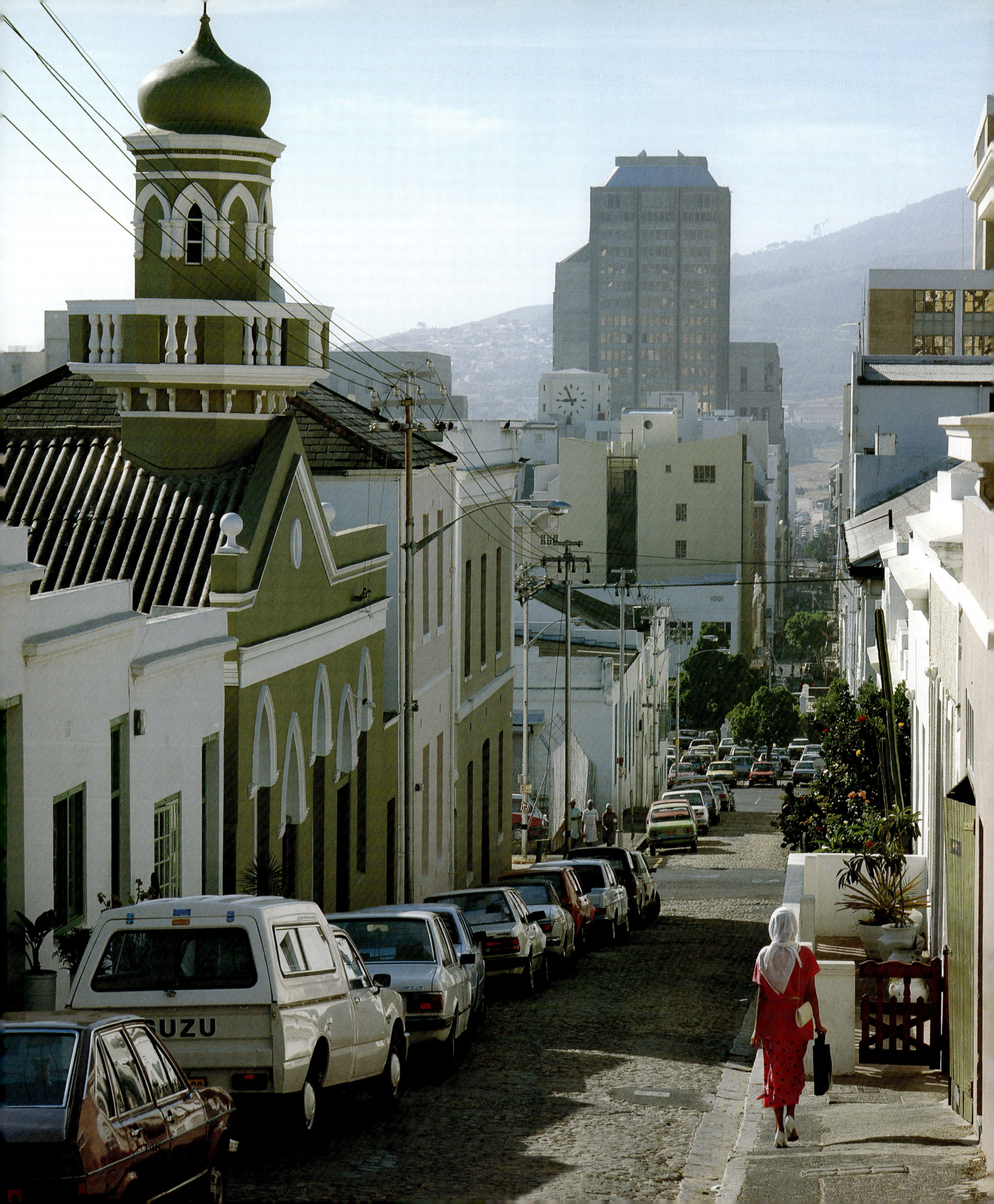
SUZU

DAS LIEBLICHSTE KAP

Eine steile Straße mit Kopfsteinpflaster im Bo-Kaap(links) führt an hübschen Häuschen mit georgianischen Fassaden vorbei. Hier in der oberen Longmarket Street steht die Masjied-Boorhaanol-Moschee aus den achtziger Jahren des vorigen Jahrhunderts, das Minarett wurde jedoch vor kurzem erneuert. Im Umkreis des Bo-Kaaps gibt es neun Moscheen.

Das junge Mädchen vom Bo-Kaap (rechts), eines der ältesten Wohnviertel Kapstadts, ist sich ihres Erbes aus Afrika und dem Osten bewußt. Im Bo-Kaap stammen viele von Sklaven, Freien und Verbannten ab, die etwa zwischen 1668 und 1790 zur Zeit der Holländisch-Ostindischen Kompanie hierher kamen.

Auf dem Salt River-Markt (umseitig) füllen Händler und Hausfrauen ihre Vorräte an Obst und Gemüse auf. Das hier feilgebotene Gemüse stammt von den Marktgärten der nahegelegenen Kapebene. Die ständig wachsende Bevölkerung nimmt immer größere Teile ehemaliger, landwirtschaftlicher Nutzflächen für die Notstandsgebiete der Städte in Anspruch.

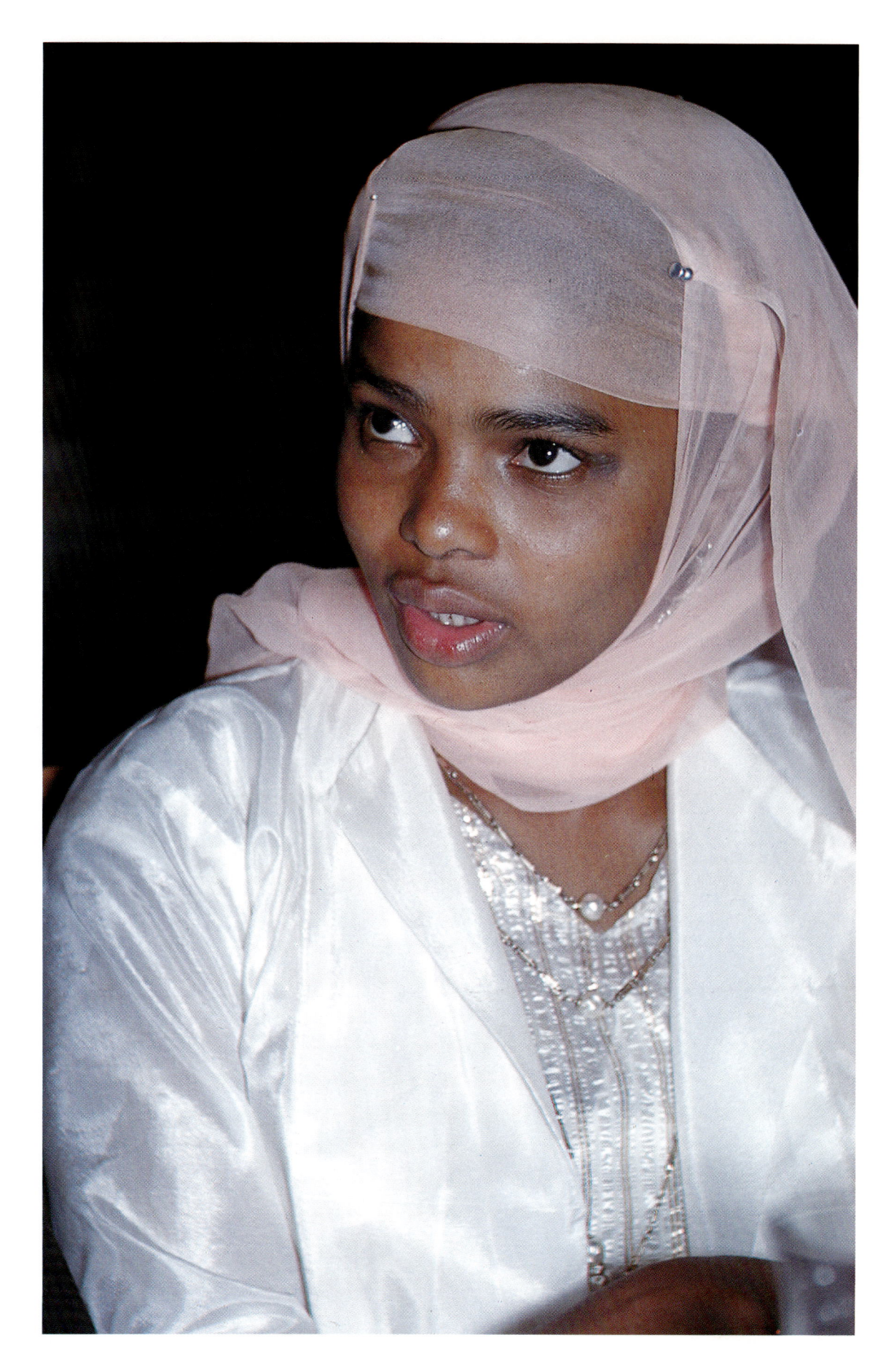

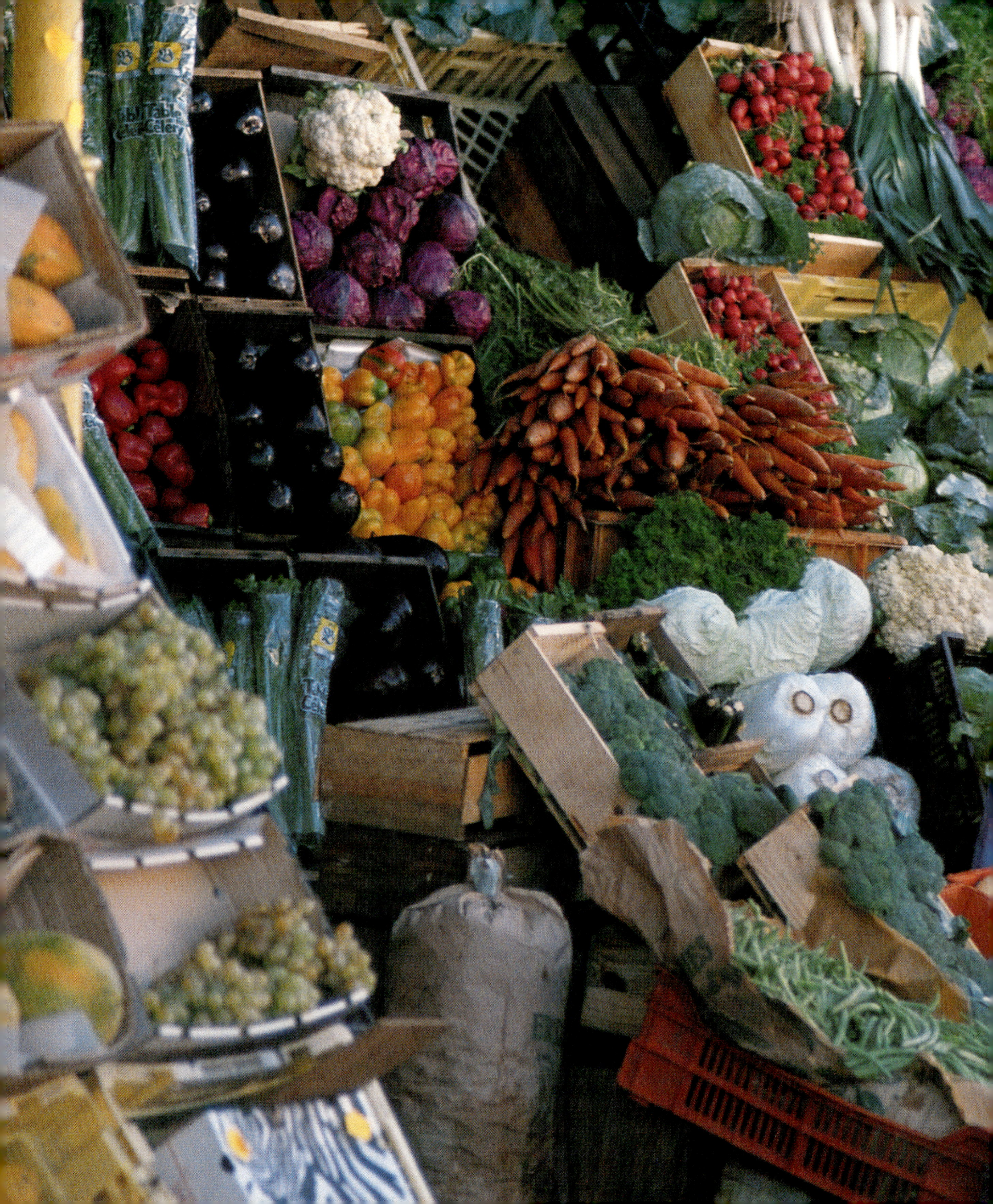
Table
Celery

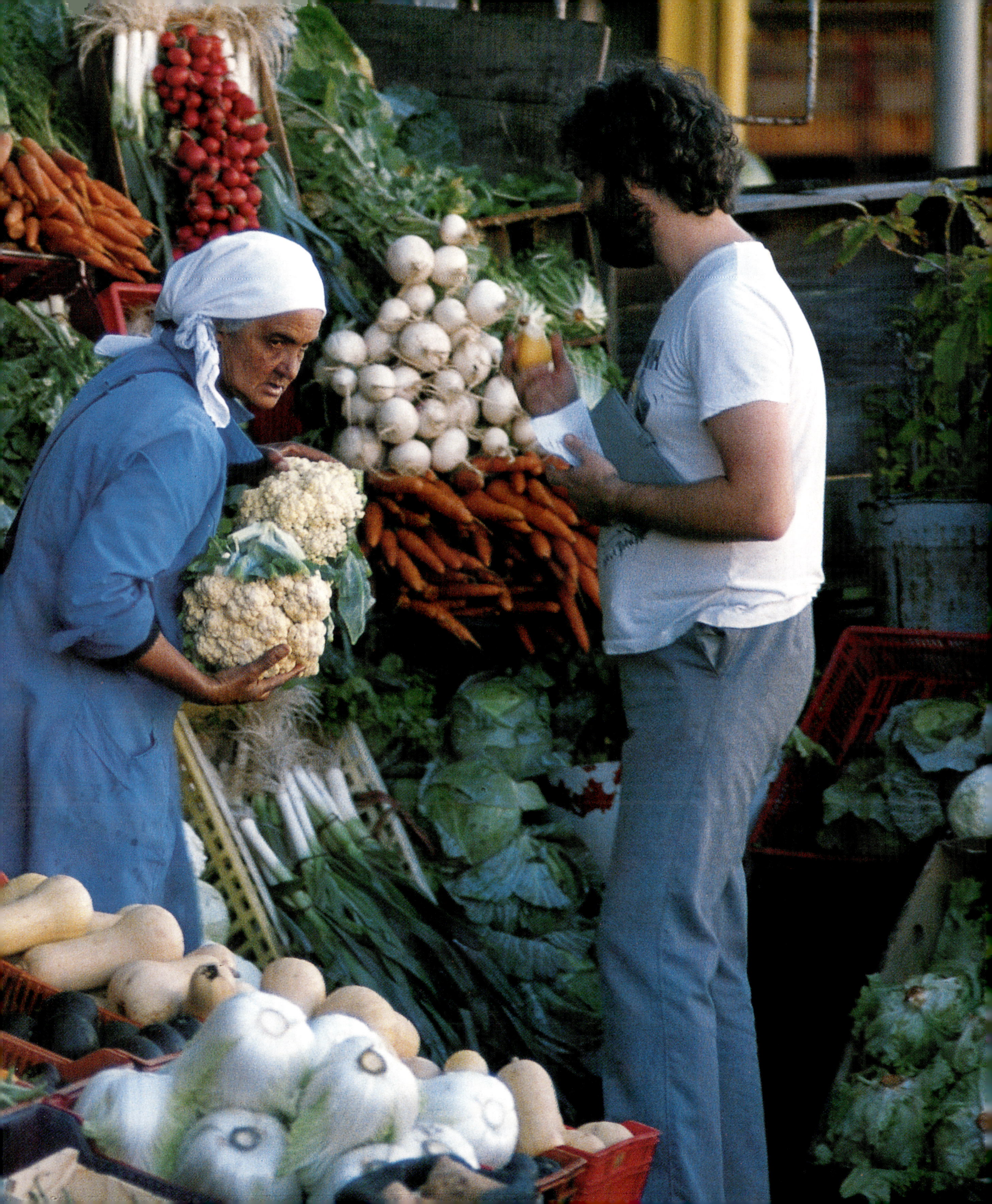

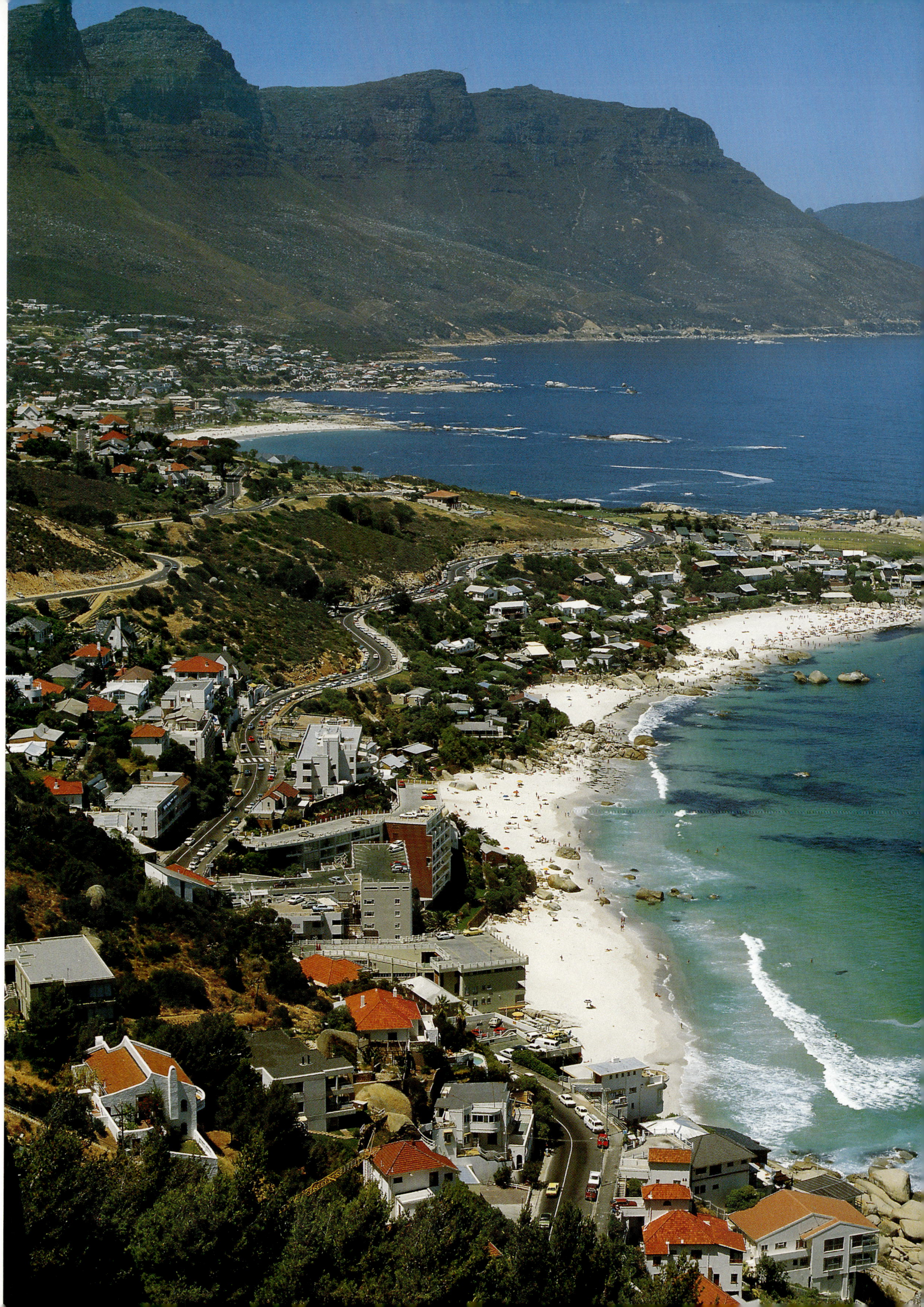

DAS LIEBLICHSTE KAP

Clifton (links, oben und rechts), bedeutet für Südafrika was die Copacabana für Rio oder Monte Carlo und St. Tropez für Besucher aus Europa bedeutet. Vor der gewaltigen Kulisse des Gebirges, das jäh zum Strand abfällt und an dessen Fuß sich Häuser, Wohnblocks und Hotels schmiegen, erstrecken sich die hellen, weißen, sichelförmigen Strände Cliftons. Wenn der Sommer kommt, strömen Sonnenanbeter hierher, um ihr handtuchgroßes Stück Strand abzustecken. Jenseits der Brandung liegen Luxusjachten und Motorboote vor Anker. In Clifton muß man gesehen werden, doch nicht beim Schwimmen, denn dazu ist das Meer selbst im Sommer meistens viel zu kalt.

153

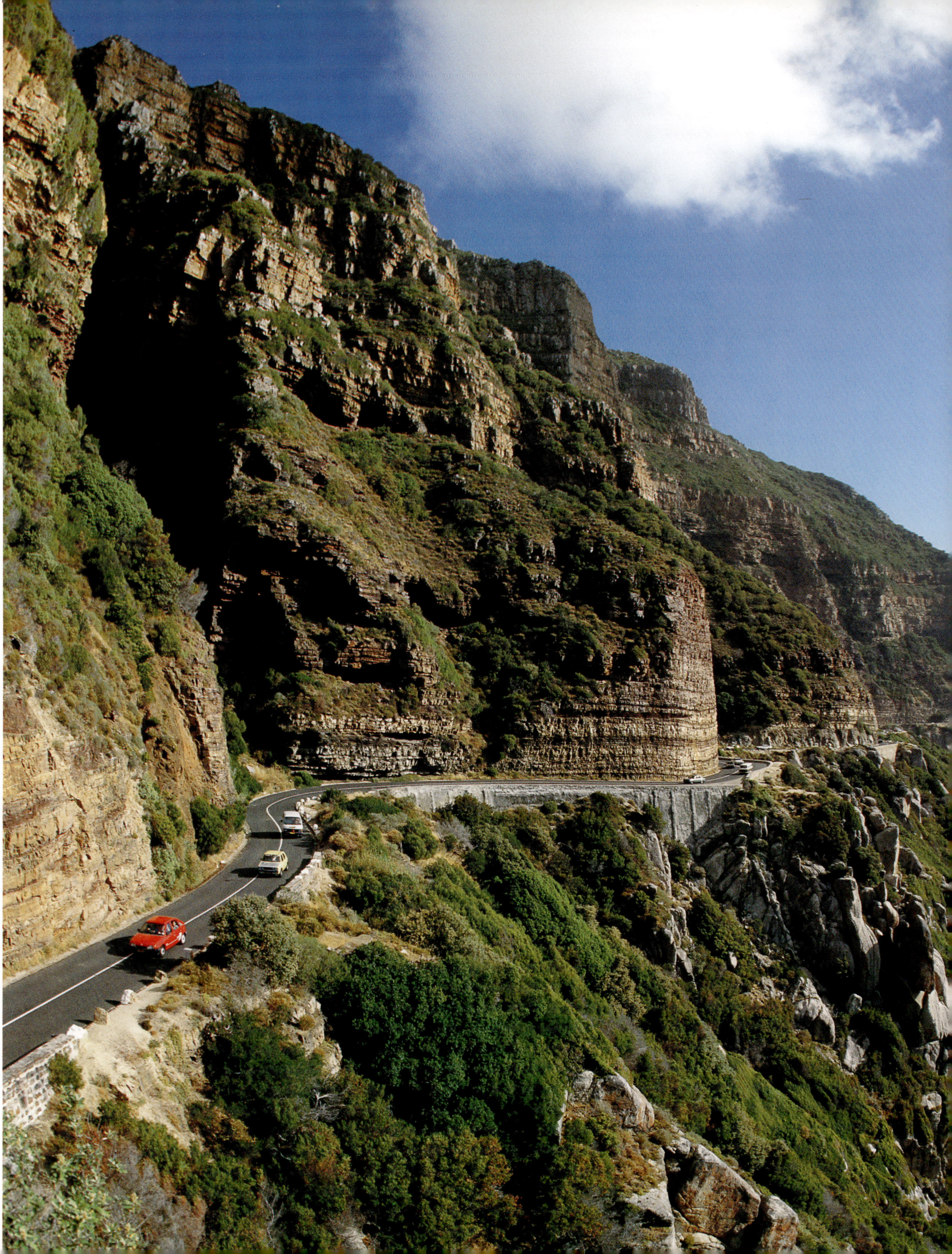

DAS LIEBLICHSTE KAP

Die Kapspitze mit dem sie bewachenden Leuchtturm liegt in der Nähe der Südspitze der Kaphalbinsel. Zum einsamen Dias Beach (oben) am Fuße hochaufragender Felsen gelangt man nur bei Ebbe. Hier liegen die rostenden Teile eines Schwimmkrans. Im Westen von Dias Beach ist das Kap der Guten Hoffnung, die südlichste Spitze der Halbinsel.

Chapman's Peak drive (links), eine der malerischsten Küstenstraßen der Welt, wurde dort aus dem Gestein gemeißelt, wo Psammit auf Granit stößt. Wenn man auf dieser Straße nach Norden fährt, hat man einen wundervollen Blick auf den Hafen von Hout Bay, der sich der schützenden Bucht anschmiegt. Verschiedene Aussichtspunkte an der Straße laden zum Anhalten und Betrachten der imposanten Klippen und des Meers ein, doch finden sich hier auch Bärenpaviane ein, die man nicht füttern sollte, da sie oft sehr bösartig sind.

155

DAS LIEBLICHSTE KAP

Der Berg über Kalk Bay, das am Bogen der False Bay gelegen ist, leuchtet in der feuchten Morgendämmerung. Ihren Namen verdankt die Ortschaft den Kalköfen, die vor Jahrhunderten hier standen. Heutzutage ist Kalk Bay jedoch für seinen malerischen Fischerhafen bekannt, wo die Besatzung der Kutter von Filipinos abstammt, die sich um 1870 hier ansiedelten. Abenteuerlustige locken dagegen die umliegenden zahlreichen Höhlen.

Ein Wellenreiter wagt sich während des Südostwinds an "The Hoek" in Noordhoek. An der südafrikanischen Küste wurden zahlreiche Strände ob ihrer idealen Bedingungen für Wellenreiter berühmt, auch Liga- und Länderkämpfe fanden bereits hier statt. Der Long Beach in Noordhoek ist aus Sicherheitsgründen besser zum Wellenreiten als zum Schwimmen geeignet, doch läßt sich hier auch herrlich spazierengehen. Am Strand liegt das Wrack der "Kakapo".

Das Lieblichste Kap

Ein Kramat (rechts oben) oder eine Gedenkstätte der Muslime erstand in Klein Constantia über dem Grab eines längst verstorbenen islamischen Weisen. Kramats auf Robben Island, am Signal Hill und in Oude Kraal schließen sich zum Heiligen Bannkreis um Kapstadt, in dem sich die Gläubigen vor allen Widrigkeiten des Schicksals sicher wähnen.

Das vornehme Gutshaus auf Groot Constantia (rechts unten) zeigt den klassischen, kapholländischen Baustil. Das gegen Ende des 17. Jahrhunderts gegründete Weingut bereitet noch immer vorzügliche Weine, während das im Gutshaus und den alten Kellern untergebrachte Museum einen Eindruck von dem eleganten, damaligen Lebensstil vermittelt.

Im Taubenschlag auf dem Gut Buitenverwachting ("über Erwarten") (links oben) waren wahrscheinlich auch die Sklaven untergebracht. Auf den alten Farmen des Kaplands blieben nur wenige Nebengebäude erhalten, die teilweise als Stall für Hühner und Kleinvieh dienten, während Tauben, die oft nur aus Liebhaberei gehalten wurden, einen Taubenschlag im Dach bewohnten. Mit Groot Constantia und Klein Constantia bildet Buitenverwachting die Constantia-Weinstraße, die Besucher einlädt, nach der Weinprobe auch die Weine, die einem am meisten zusagen, zu erstehen. Buitenverwachting brüstet sich auch mit einem der besten Restaurants am Kap.

Die Kampferbaumallee (links unten) in Kirstenbosch wurde um 1890 gepflanzt, als das Gut Cecil John Rhodes gehörte. Mit seinem gesamten Besitz hinterließ Rhodes auch Kirstenbosch dem südafrikanischen Volk. Hier befindet sich heute ein international berühmter, botanischer Garten und die Zentrale der National Botanic Gardens of South Africa. Trotz der alljährlichen, zahlreichen Besucher büßte der im Schatten des stolzen Tafelbergs gelegene Garten keineswegs seine heitere Gelassenheit ein.

Das Lieblichste Kap

Die Hügel und Felder Vergelegens (oben und rechts) — der Name bedeutet "weit entfernt" — und die vornehme Eichenallee gehörten vor langer Zeit einem Gouverneur des Kaps. Wilhem Adriaan van der Stel, der Sohn und Nachfolger des Gründers von Groot Constantia, Simon van der Stel, begann 1699 nach seinem Amtsantritt im damaligen Außenbezirk Hottentotts-Holland das Gut und die Ländereien auszubauen. Die Kritik der einfachen Bürger führte schließlich dazu, daß der junge van der Stel der Mißwirtschaft bezichtigt wurde. Er mußte nach Holland zurückkehren, während sein Land verteilt und das Haus zerstört werden sollte. Diese Befehle führte man jedoch recht halbherzig aus, so daß das elegante, kapholländische Gutshaus gerettet wurde.

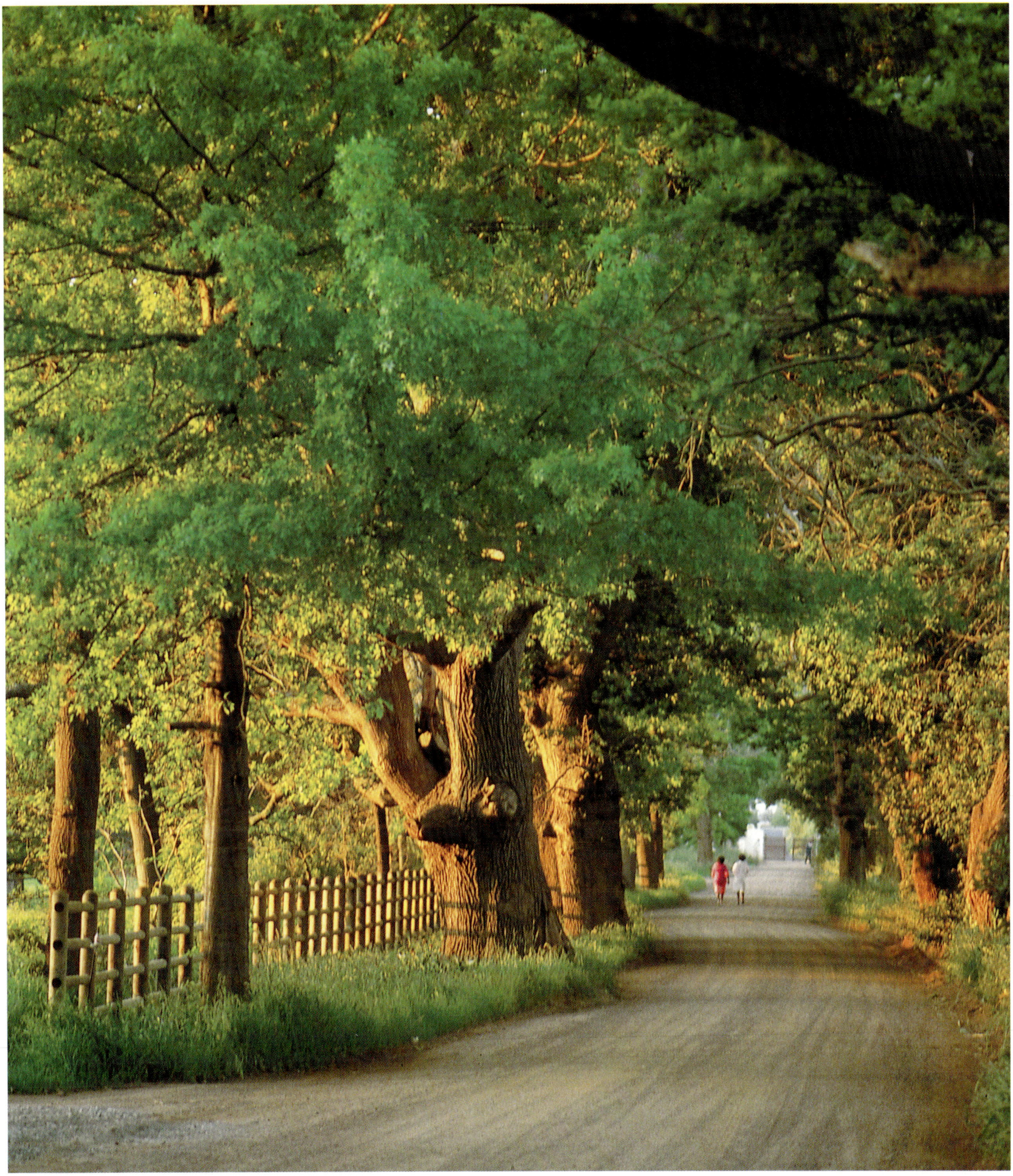

Das Lieblichste Kap

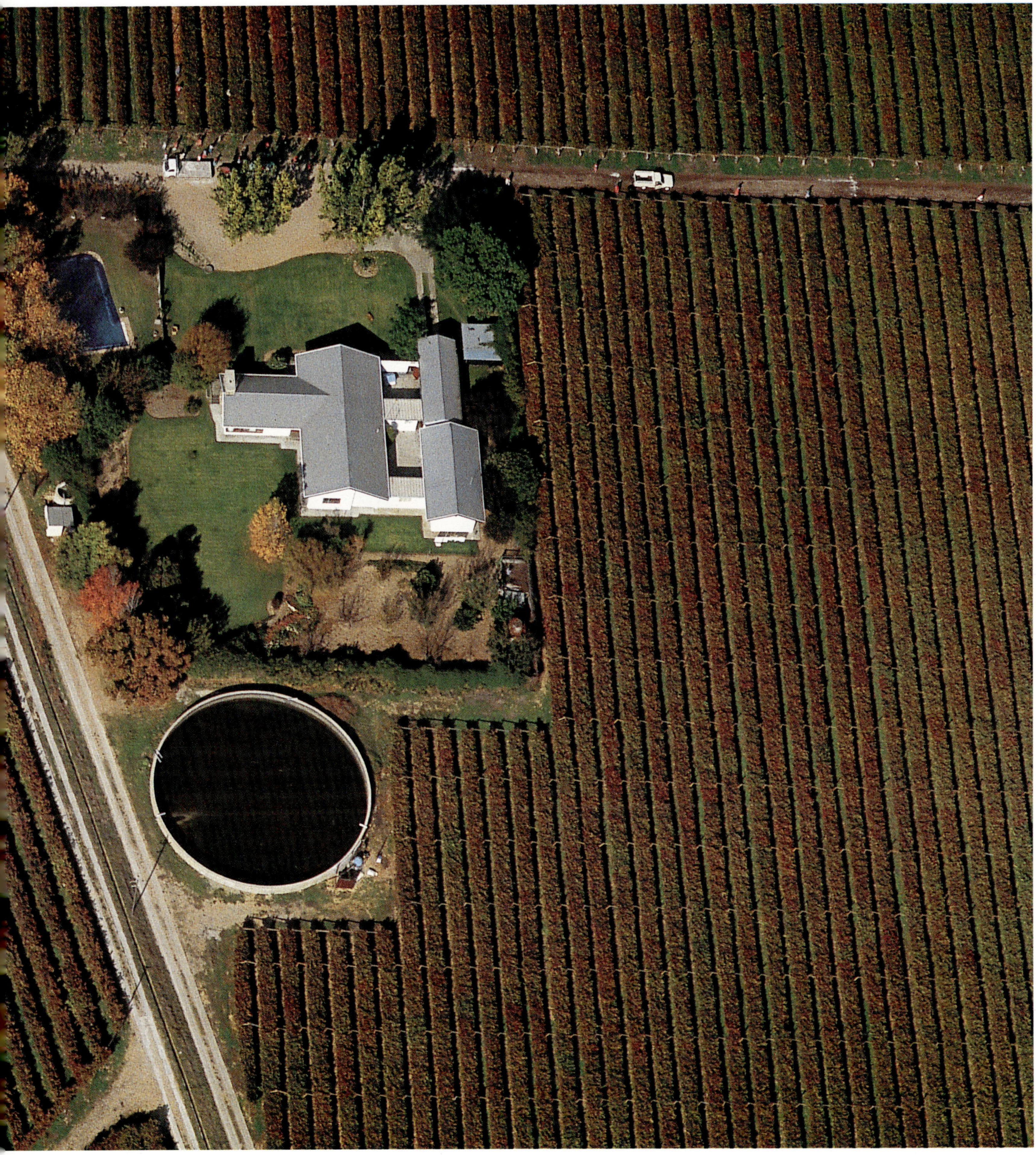

Das Lieblichste Kap

Das Gutshaus Ida's Valley (oben und rechts) bei Stellenbosch stammt ungefähr aus dem Jahr 1790, doch weiß bis heute niemand, wer Ida war. Das Gutshaus selbst ist ein wahres Kleinod kapholländischer Architektur und verfügt über verzierte Giebel, die zu den schönsten des Landes zählen. 1683 wurde das Gut François Villon bewilligt, einem der frühesten, französischen Siedler am Kap, der das heute noch erhaltene "Junkerhaus" erstellte, das immer dem ältesten Sohn bestimmt war. Die Nachfahren Villons in Südafrika schreiben sich schon seit langem "Viljoen", eine Verwandlung die viele fremde Namen in diesem Land erlebten.

Weinstöcke in geordneten Reihen (vorherige Seite) umgeben ein Gutshaus im Hex-River-Tal. Dieses schöne Becken im Kap-Faltengebirge bildet die nördliche Grenze des in diesem Landstrich gelegenen Weinbaugebiets.

165

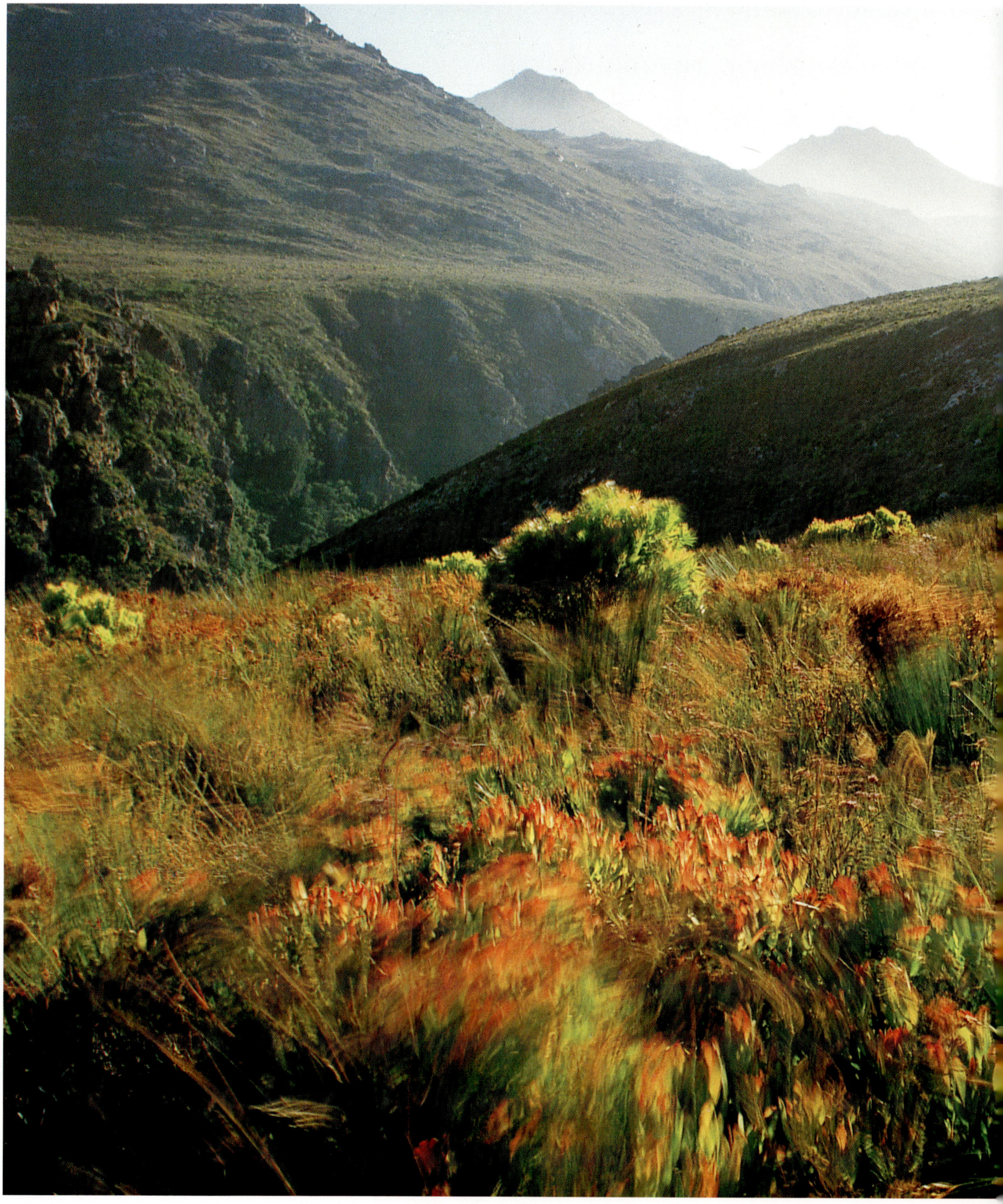

DAS LIEBLICHSTE KAP

Hoch oben in den Bergen des westlichen Kaplands raschelt der Wind durch den fynbos (links). Viele der hier gedeihenden Arten verfügen über einen tiefen Wurzelstock, damit sie auch den häufigen Buschbränden der heißen Sommermonate widerstehen können. Trotz ihrer Widerstandsfähigkeit entzücken die zarten, vielfältigen Blütenstöcke die Botaniker und eine ständig wachsende Bewundererschar unter den Wanderern.

Weinstöcke am Spalier (umseitig) bedecken das Tal des Hex River. Die "Hexe" irrt angeblich in stürmischen Nächten hier umher, um den verunglückten Geliebten zu suchen.

Ein weiblicher Nektarvogel (oben) trinkt vom Nektar einer Nadelkissenprotea (*Leucospermum cordifolium*). Aus der Vielfalt der südafrikanischen Flora sind die Proteaceae wohl am bekanntesten. Sie gehören zu einer typischen, südwestlichen Pflanzengruppe, die "fynbos" (feiner, zarter Busch) heißt und immergrüne Gewächse mit harten, widerstandsfähigem Blattwerk einschließt. Durch die gewöhnlich kleinen Blätter wirkt die Pflanze eher grünlichblau. Trotz des verhältnismäßig kleinen, mit fynbos bestandenen Areals gilt dieses Gebiet eigenständig als eines der sechs Florenreiche der Welt.

Das Lieblichste Kap